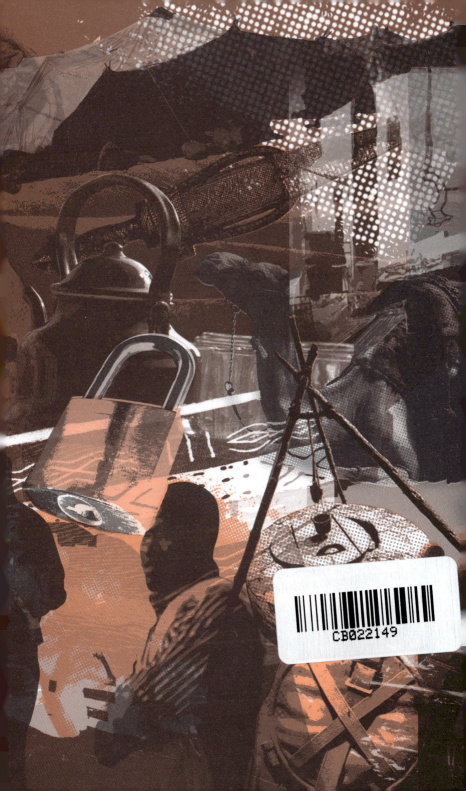

Copyright © 2008 Bayard Éditions Jeunesse

Todos os direitos reservados pela Editora Yellowfante. Nenhuma parte desta publicação poderá ser reproduzida, seja por meios mecânicos, eletrônicos, seja via cópia xerográfica, sem a autorização prévia da Editora.

Título original
Tu es libre!

Editora responsável
Rejane Dias

Edição geral
Sonia Junqueira

Tradução
Maria Valéria Rezende

Edição de arte, projeto gráfico e ilustrações
Christiane Costa

Revisão
Aiko Mine
Aline Sobreira

Dados Internacionais de Catalogação na Publicação (CIP)
(Câmara Brasileira do Livro, SP, Brasil)

Torrès, Dominique
  Você é livre! / Dominique Torrès ; tradução Maria Valéria Rezende ; ilustração da capa Thomas Ehretsmann ; ilustrações de miolo Christiane Costa. -- 2. ed.; 2. reimp. -- Belo Horizonte : Yellowfante, 2022.

  Título original: Tu es libre!
  ISBN 978-85-513-0765-6

  1. Ficção - Literatura infantojuvenil I. Ehretsmann, Thomas. II. Costa, Christiane. III. Título.

19-32251   CDD-028.5

Índices para catálogo sistemático:
1. Ficção : Literatura infantil 028.5
2. Ficção : Literatura infantojuvenil 028.5

Cibele Maria Dias - Bibliotecária - CRB-8/9427

A **YELLOWFANTE** É UMA EDITORA DO **GRUPO AUTÊNTICA**

Belo Horizonte
Rua Carlos Turner, 420
Silveira . 31140-520
Belo Horizonte . MG
Tel.: (55 31) 3465 4500

São Paulo
Av. Paulista, 2.073 . Conjunto Nacional
Horsa I . Sala 309 . Cerqueira César
01311-940 . São Paulo . SP
Tel.: (55 11) 3034 4468

www.editorayellowfante.com.br
SAC: atendimentoleitor@grupoautentica.com.br

DOMINIQUE TORRÈS

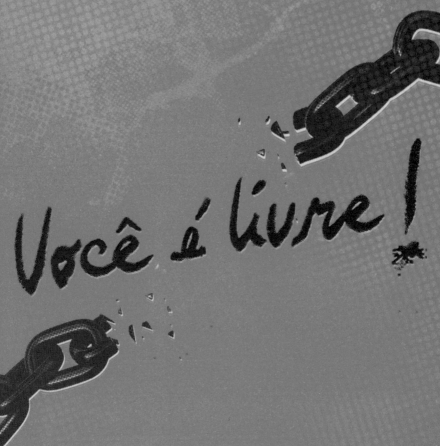

Você é livre!

Tradução: Maria Valéria Rezende
Ilustração da capa: Thomas Ehretsmann
Ilustrações de miolo: Christiane Costa

2ª edição
2ª reimpressão

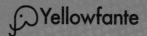

Desde quando vocês tornaram os homens escravos, se suas mães os pariram livres?

Oumar Ibnoul Khattâb
Segundo Califa do Islã

Um dia, numa rua de Niamey, capital do Níger, país situado na África Ocidental, perguntei a um passante o caminho para chegar a determinado restaurante. Indicavam-me uma direção quando, de repente, de lugar nenhum, surgiu um garotinho descalço e esfarrapado que se ofereceu para me levar até lá. Recusei, achando que podia me virar sozinha... O garoto partiu correndo como uma flecha, e, daí a dez minutos, lá estava ele me esperando à porta do restaurante. Tinha chegado mais depressa que meu táxi! E saboreava sua vitória: "Ah! Você não acreditou quando eu falei que sabia onde era!"

Não sei o nome desse garoto, ignoro o que aconteceu com ele depois disso. Sei apenas que vive nas ruas. Creio que nem sabe ler, mas é a ele que dedico esta história de Amsy, que eu gostaria de poder lhe contar...

Dedico este livro também ao Natanael, um coração de ouro que vive no Burundi, pequeno país da África, o mais pobre do continente africano, onde se encontra a nascente do Rio Nilo, e à Anjara, uma pequena "tempestade" que habita Madagascar, país africano que compreende a Ilha de Madagascar, a maior ilha africana, e algumas ilhas próximas, no Oceano Índico, em frente à costa de Moçambique.

Dominique Torrès

Que dureza levantar, esta manhã!

Faz um frio danado debaixo da tenda. Amsy ainda sente soprar o vento que sacudiu a barraca de pele de cabra a noite inteira, acima de sua cabeça, parecendo que ia arrancá-la a qualquer momento. Várias vezes, o menino se virou para o lado de sua mãe, Takané, deitada na esteira junto dele, e viu que ela também estava inquieta, sem conseguir dormir. Se a coberta da tenda se soltasse das quatro estacas bambas, os dois seriam obrigados a sair correndo para recuperá-la. E teriam de amarrar tudo de novo, tateando na escuridão, sem poder contar com a ajuda de mais ninguém. Isso já tinha acontecido mais de uma vez; por isso, à noite, quando sopra a ventania, nem ele nem a mãe conseguem pregar os olhos.

Uma cotovelada da mãe nas suas costelas não lhe deixa escolha: Amsy levanta-se e sai sem dizer uma palavra.

Basta olhar para o céu e o menino sabe que já está quase na hora de seus patrões começarem a se levantar e a se vestir. Ele não pode se atrasar mais.

Como a cada manhã, desde que Amsy se entende por gente, sua primeira tarefa é recolher os gravetos que a mãe usará para acender o fogo para os patrões. Nem sempre é uma tarefa fácil. O deserto é seco, árido, com apenas raros arbustos esparsos. Em alguns acampamentos, como neste aqui, Amsy pode demorar muito tempo - *tempo demais*, dizem os patrões - para conseguir arranjar bastante lenha. Por isso, ele sai quase correndo na direção do poço, pois ontem reparou que por ali havia uns arbustos que, embora raquíticos, podiam resolver seu problema.

A grande tenda preta dos patrões ainda está silenciosa. *Será que eles também não puderam dormir por causa da fúria dos ventos?* Amsy imagina-os confortavelmente aconchegados entre almofadas, sobre tapetes bem fofos. *Se tivessem tido o menor problema*, pensa o garoto, *teriam logo chamado seus escravos.*

As outras quatro tendas do mesmo clã, uns vinte metros mais adiante, também estão silenciosas. Mais adiante ainda, outros acampamentos tuaregues[1] já se vão tornando visíveis. Ainda não clareou o dia, mas Amsy distingue os vultos dos outros cativos que, como ele, já estão pegando no serviço.

Amsy conhece todos os escravos dos acampamentos nos arredores. Tanto os muito velhos quanto os mais jovens, os homens robustos e as menininhas frágeis. Os patrões não gostam que seus escravos se encontrem, mas não podem vigiá-los o tempo todo. Pelo meio do dia, quando o sol bate mais forte e os nobres tuaregues vão tirar um

---

[1] Os tuaregues – cerca de 2,5 milhões de pessoas – são um povo nômade que vive da criação de animais (camelos e cabras); transitam com suas caravanas por vários países do deserto do Saara, Argélia, Mali, Líbia, Burkina Faso, Chade, Mauritânia e Níger; organizam-se em tribos e sua sociedade é muito desigual, pois está dividida entre os senhores, que se consideram nobres – e são morenos, mas não negros –, e os escravos negros, que eles mantêm em cativeiro, geração após geração. (N.T.)

cochilo debaixo de suas tendas, os escravos aproveitam para se encontrar em volta do poço do oásis.

A água encontra-se tão profunda no solo que, às vezes, puxar um balde lá do fundo até a borda do poço leva mais de uma hora. Então, os cativos aproveitam: travam amizades, contam as novidades, fazem piadas sobre seus patrões. As crianças, se ainda tiverem energia para isso, divertem-se correndo umas atrás das outras e brincando de lutar.

Perto do poço, a essa hora em que a temperatura chega a quase cinquenta graus, só mesmo os escravos permanecem ao sol. São homens e mulheres vestidos com molambos, crianças tão magrinhas que fica difícil distinguir as meninas dos meninos. Todos têm o rosto tenso, o olhar vazio. Sua pele negra é curtida, enrugada como um pergaminho.

Seus patrões tuaregues, os nômades de pele mais clara, vestidos com túnicas azul-índigo, a cabeça coberta por belos turbantes brancos, amarelos ou ocres, fazem a sesta à sombra de suas tendas. As esposas deles nunca aparecem nos lugares em que os escravos trabalham. Algumas mal sabem onde fica o poço nem de onde vem a lenha. A única coisa que lhes importa é levar a vida mais agradável possível, mais folgada possível, apesar do calor, do deserto, do sol que tudo abrasa.

Amsy tem de se afastar quilômetros do poço. Outros já haviam descoberto os arbustos mais próximos que ele localizou ontem e já tinham arrancado tudo. Ele cata pelo chão os poucos gravetos que encontra e amarra-os numa ponta de sua camisa.

Quando o trabalho permite, Amsy aproveita e para um pouco para pensar em Assibit, sua irmã desaparecida.

Desaparecida... será que é essa a palavra certa?

Amsy lembra-se muito bem do dia em que o patrão veio buscá-la. Assibit, em prantos, tentava esconder-se atrás da mãe. O homem, querendo acalmá-la, dizia:

– Agora Assibit já é uma moça, grande e bonita. Já fez treze anos...

Ele nem terminou a frase. *De qualquer jeito, um patrão não tem mesmo de dar satisfação nenhuma aos seus escravos.* A maior parte do tempo, mal lhes dirige a palavra.

Takané tremia da cabeça aos pés, mas tem tanto medo do seu dono que nem lhe perguntou nada.

O pai de Amsy e Assibit, Backa, que tinha sido enviado em busca de novos pastos para os camelos, já estava longe do acampamento havia longos meses. *Será que ele teria reagido se estivesse presente?* Amsy é obrigado a reconhecer que, provavelmente, *ele também não teria tido coragem de abrir a boca.* Há tempo demais que seu pai aprendeu a ficar calado, ele respeita a tradição. Backa tem uma imensa admiração pelos tuaregues e uma especial consideração para com seu dono.

Amsy, sim, atreveu-se a perguntar:

– E pra onde é que Assibit vai?

O patrão nem se deu ao trabalho de lhe responder. O garoto insistiu:

– A gente vai revê-la logo?

O patrão fez que sim com a cabeça. Um "sim" que não era nada convincente.

Pela primeira vez em sua vida, Amsy sentiu raiva. Uma raiva difusa mas profunda, ainda mais profunda que o poço daquele oásis.

Ele, a quem haviam ensinado a se encolher, a se tornar quase invisível, a não refletir nem pensar por conta própria, tinha sentido uma cólera tão violenta que, por um instante, teve vontade de pular no pescoço do dono.

Estavam castigando logo a sua irmã, de quem ninguém tinha nada que reclamar! Sua irmã, que era tão gentil, tão prestativa! Castigavam sua mãe, que trabalhava dia e noite sem receber de volta sequer o menor sorriso. Castigavam a ele também, tirando-lhe a pessoa que mais amava: sua irmã mais velha, sua confidente, sua melhor amiga.

Desde aquele dia, a mãe de Amsy vivia morta de tristeza. Quase não falava mais. Quando dizia algo sobre a filha, eram sempre coisas sem muito sentido, como: *Você se lembra, Amsy, quando Assibit pilava o milheto[2] comigo? Ela sempre cantarolava, inventava cantiguinhas.* Takané, então, deixava escapar da garganta um fiozinho de voz que mal se podia ouvir e que logo se perdia por entre as dunas do deserto.

Amsy queria tanto poder tranquilizá-la! *Mas como consolar uma mãe cuja filha lhe foi arrancada? Backa, seu marido, talvez conseguisse, mas ele ainda demoraria muitas semanas a voltar...*

Agora Amsy tem de se apressar. Se se atrasar e o chá não estiver pronto na hora em que as mulheres tuaregues se levantarem, sua mãe pode até levar uma surra. Além disso, Seydi, o filho do patrão, que é irmão de leite de Amsy,

---

[2] O milheto, chamado também *mileto, milhete, milho-miúdo* ou, ainda, *painço,* é um cereal semelhante ao milho, mas com grãos e espigas bem menores, que se cultiva muito na África, na Ásia e na Europa, mas também vem se destacando como opção de produção nos cerrados do Sul do Brasil, como ração para o gado e recuperação de solos fracos. (N.T.)

prometeu-lhe que ia perguntar a seus primos para onde tinham levado Assibit. *Quem sabe ele já tem alguma resposta?*

A mulher do patrão não tinha leite bastante para alimentar Seydi; foi a mãe de Amsy que o amamentou. Desde então, os dois meninos são como irmãos, ou melhor, como primos: primos dos quais um é rico, privilegiado pela vida, e o outro, pobre. O patrão nunca se opôs à amizade entre os dois. Quando está de bom humor, ele até os chama de *os dois senhores do deserto*: o branco e o negro!

Seydi é um menino bom, de caráter firme e generoso. Várias vezes, quando os dois faziam alguma besteira juntos, ele logo se denunciava sozinho como o culpado, para evitar que seu amigo apanhasse.

Ele também ficou triste com a partida de Assibit. No começo, sentiu sobretudo pena de Amsy e Takané. Mas logo começou a sentir falta da menina, como sentiria a falta uma pessoa de sua própria família. Seydi interrogou seus pais e atormentou suas irmãs a fim de saber o que havia sido feito dela, mas foi em vão. Recusaram-se a lhe contar, sabendo que ele provavelmente diria tudo a Amsy. Quando os escravos da mesma família são separados pelos seus senhores, é para sempre, de modo que nunca mais possam se ver e acabem por se esquecer uns dos outros.

O que será que aconteceu à pobre Assibit? Será que foi trocada ou vendida como uma mercadoria qualquer? Há vários anos que as colheitas têm sido fracas, por causa da seca. As famílias tuaregues perderam muitos animais de seus rebanhos e andam precisando de dinheiro.

Quem sabe onde ela se encontra neste momento? Os tuaregues não conhecem fronteiras. Têm amigos e parentes nos países vizinhos, Mali, Mauritânia e até no Chade, que fica a milhares de quilômetros de distância, lá do outro lado do enorme deserto.

Assibit terá se tornado a quinta mulher de algum primo de longe? O Corão autoriza aos homens terem até quatro esposas legítimas; a quinta, só se for uma escrava. Esse costume, cada vez mais comum, cria um verdadeiro mercado de mulheres por toda a África.

Seydi prometeu a Amsy interrogar, ainda hoje, os primos que vivem nos acampamentos vizinhos.

Sob o cenho franzido, o olhar de Amsy varre o solo mineral à procura de qualquer gravetinho. Seus gestos são rápidos e precisos. Ele enfia a mão habilmente por entre as moitas de espinhos para catar qualquer minúsculo pedaço de lenha.

De repente, vira-se, sobressaltado. Há um homem ali, bem perto, como se tivesse surgido do nada, imóvel, olhando para ele.

O desconhecido deve ter uns trinta anos. Tem a pele negra como a do menino, mas suas roupas são boas, limpas, e usa um belo turbante branco, imaculado, amarrado à maneira dos tuaregues.

Quem será esse? pergunta-se Amsy. *E se for um* haratin?

Um *haratin* – quer dizer, um antigo escravo agora liberto – que tinha o ofício de ourives passou pelo acampamento há dois ou três meses, na última estação das chuvas. O patrão encarregou-o de transformar algumas moedas de ouro em joias para presentear sua mulher e enriquecer o dote de suas filhas.

Amsy tinha observado o trabalho dele como se estivesse vendo um mágico. Com seu maçarico, o homem era capaz de consertar qualquer objeto de metal. Para fabricar as joias, bastava aquecer as moedas até ficarem em brasa e então ir batendo nelas com um martelinho.

O menino gostaria de saber de que jeito o artesão aprendeu a fazer aquilo: *será que sempre soube trabalhar os metais, ou tinha ido a uma escola para aprender seu ofício?* Justamente quando Amsy ganhou coragem para falar com ele, o patrão apareceu, lançando-lhe um olhar de cima a baixo, com desprezo, o que bastou para acabar com a curiosidade do garoto.

Agora, esse desconhecido observa o pequeno escravo com um olhar benevolente. Amsy está surpreso: raramente um homem tão bem vestido olhava para ele desse modo.

– Como é que você se chama? – pergunta o homem.

– Amsy – responde o garoto, depois de ter examinado o homem por vários segundos.

– Você trabalha para os tuaregues daquele acampamento lá?

O homem aponta para as tendas que se veem ao pé de uma grande duna.

Amsy faz sinal de que sim com a cabeça. Então, de repente, o menino se afoba: estão esperando por ele, não tem tempo pra ficar batendo papo, ainda mais com um estranho.

– Eu tenho muito serviço – disse ele, apertando os gravetos junto ao corpo.

– Você é quem recolhe a lenha para o fogo. Sua mãe deve estar esperando. Eu compreendo. Deixe que eu ajudo.

Imediatamente, o desconhecido repara que há alguns galhos a dez passos dali e apressa-se a ir apanhá-los.

– Eu me chamo Muhamed – apresenta-se o homem, entregando a lenha ao menino. – Eu vim aqui para falar com você e tenho coisas muito importantes a lhe dizer, coisas que podem transformar sua vida.

Amsy está pasmo. Que esse homem surgido do nada o ajude a apanhar lenha já é uma coisa espantosa, mas que tenha se deslocado até ali especialmente para falar com ele, então, é realmente incrível!

Muhamed sorri, divertido com o susto de Amsy. Entretanto, não há sinal de zombaria em sua atitude, somente de gentileza. Ele continua:

– Esta manhã você está apressado, eu sei, mas amanhã, se chegar bem cedo, a gente terá um pouco mais de tempo e eu lhe explicarei tudo.

– Amanhã? – repete Amsy, sem entender direito o que está acontecendo.

Muhamed sorri:

– Isso mesmo.

O homem olha o menino bem nos olhos e acrescenta:

– Amanhã, se você quiser, eu lhe falarei sobre liberdade. Por enquanto, só lhe peço que confie em mim e que não diga a ninguém que me encontrou.

– Por quê? – quer saber Amsy, ciente, por experiência própria, de que, em geral, só as besteiras que a gente faz é que é preciso esconder.

– Porque não deixarão você vir me encontrar de novo!

– Mas... E minha mãe? Posso contar para minha mãe?

Amsy não pode imaginar alguma coisa que esse homem tenha a lhe dizer que não interesse também à sua mãe.

– Não, nem à sua mãe. Você lhe contará mais tarde, quando eu lhe tiver explicado tudo direitinho.

Agora o homem chega bem pertinho do menino, põe uma das mãos sobre seu ombro e repete com voz suave:

– Eu tenho confiança em você, Amsy!

Confiança?

Essa palavra não tem sentido para Amsy. Seu dono, a mulher dele e mesmo suas filhas pequenas só lhe dão ordens. Quanto a seus pais, esses quase nem falam com ele porque, como todos os pais de escravos, têm medo de ser castigados por causa de seus filhos. Só Seydi é que o trata como a um igual, quando não há nenhum tuaregue por perto para ver.

Confiança...

Amsy repete a palavra para si mesmo. Ele a sente como se fosse um passarinho doce e frágil entre suas mãos.

Não, decididamente essa palavra não é para Amsy!

E se o desconhecido o estiver confundindo com outra pessoa? Com o filho do patrão, por exemplo...

Não, é impossível: suas roupas são esfarrapadas, sua pele é negra. Só um cego poderia pensar que ele é um tuaregue.

Ou então o homem reparou que ele trabalha bem e quer propor-lhe que se torne seu escravo!

Amsy lembra-se de que seu pai, Backa, contou-lhe várias vezes a história de Babu, escravo de um acampamento vizinho, que vivia muito infeliz em casa de seu dono e decidiu fazer-se adotar por um tuaregue mais justo. Babu era esperto. Para conseguir o que queria, cortou uma ponta da orelha de um camelo pertencente ao outro tuaregue, mais gentil do que seu patrão. Este foi queixar-se ao dono de Babu que, sentindo-se tão desonrado, para compensar, deu-lhe Babu de presente.

Essa anedota divertia muito o pai de Amsy, que, entretanto, raramente ria. Ao terminar a história, o cameleiro retomava seu ar sério e chegava, cada vez, à mesma conclusão:

– É pena que isso seja apenas uma anedota. Na realidade, nossos donos não são assim tão ingênuos. Um escravo que cortasse a orelha de um camelo acabaria tomando uma surra, ou pior, haveriam de cortar-lhe a própria orelha!

Essas questões fervilhavam na cabeça de Amsy. *Esse homem tem um jeito muito mais gentil do que o de seu patrão. Em casa dele, o trabalho seria certamente menos doloroso. Quem sabe a mulher dele é menos malvada, menos imprevisível do que sua atual patroa?* Entre os tuaregues, a mulher é uma rainha. É ela quem escolhe o marido e pode abandoná-lo, se quiser!

E se Muhamed se recusar a levar sua mãe, Takané, junto com ele?

E o que dirá seu pai, Backa, quando voltar?

E sua irmã, Assibit? Será que Muhamed ajudará a encontrá-la?

Para que se arriscar a levar pauladas ou chicotadas, apenas para mudar de dono?

– Não é seu trabalho que eu quero! – diz Muhamed com doçura, como se tivesse lido seu pensamento. Eu não quero fazer de você meu escravo. Eu mesmo já fui escravo e não desejo essa vida para ninguém.

Ele espera um pouco, observando bem a cara de Amsy, antes de continuar:

– Então, você concorda? Você tem o direito de viver outra vida, Amsy, uma verdadeira vida! Amanhã eu lhe explicarei como.

O que é uma verdadeira vida? Será que a vida dele não é verdadeira? Amsy acha que sua vida é verdadeira até demais, dura demais! Mas o menino contenta-se em sacudir a cabeça timidamente.

O homem põe dois dedos diante da boca e acrescenta, baixinho:

– Até amanhã, meu amigo. E lembre-se: nem uma palavra a ninguém.

Amsy fica olhando o outro afastar-se em direção ao poço.

"Meu amigo". Muhamed o chamou de "meu amigo"! Amsy nem acredita. Essas palavras ficarão com ele o dia inteiro, como uma brisa leve. *"Meu amigo"!*

De volta ao acampamento, Amsy cai de novo na realidade. Ele se atrasou demais. O patrão, furioso, dá-lhe umas palmadas no traseiro. A mulher dele, impaciente, sentada sobre um tapete fofo, diante da tenda, espera seu chá da manhã.

Já ralharam com Takané por causa do atraso do filho, mas ela não diz nada. Com um safanão, arranca os gravetos das mãos do menino e corre para acender o fogo. Para ajudar a mãe e fazer-se perdoar, Amsy corre para detrás da tenda para buscar as vasilhas de folha de flandres pintadas com flores vermelhas.

Se ela imaginasse o que me aconteceu! Amsy estremece por dentro. *Mas, afinal, o que foi mesmo que aconteceu?*

Um desconhecido apareceu e lhe falou com respeito, como se ele fosse um tuaregue. Amsy não entendeu bem tudo o que ele disse, mas uma coisa é certa: aquele homem chamou-o de *meu amigo*, e isso dava gosto como beber chá com bastante açúcar.

Se eu tiver sorte, pensa Amsy, olhando os patrões tomando chá, *eles vão deixar sobrar algum restinho que eu posso, depois, beber diretamente do bico da chaleira.*

Amsy gosta quase tanto de chá quanto de leite. Leite, porém, é coisa fina e rara, reservada apenas para as irmãs de Seydi, a fim de que elas fiquem gorduchinhas e logo encontrem marido. Leite nunca sobra.

Meu amigo, disse Muhamed.

Amanhã Amsy vai encontrar-se com ele, de qualquer jeito, nem que seja só para ouvir de novo essas duas palavras. Se hoje descobrir onde sua irmã se encontra, vai pedir a Muhamed que leve um recado para ela. Assim haverá de saber se ele é seu amigo de verdade.

O patrão e seus parentes estão juntos, esperando em frente à tenda. Com a ajuda do filho, Takané ajeita uma almofada nas costas de cada membro da família. As duas meninas cobriram-se com seus véus mais bonitos: Samia com um véu alaranjado e Mariama com um véu vermelho que combina tão bem com as pulseiras brilhantes que seu pai lhe trouxe da cidade. São pulseiras de plástico, mas brilham como ouro. Aos treze anos, Mariama é mesmo muito bonitinha e gosta de se mostrar. Ela comenta que vai se casar com um primo que só viu uma vez na vida, mas que possui quarenta camelos. Apesar da

idade, que é a mesma de Assibit, Mariama comporta-se como se fosse ela a patroa. Amsy acha que ela está cada vez mais enjoada.

Seydi, porém, fica de lado, afastado dos outros. Já engoliu seu chá e suas bolachas com mel e agora está com uma cara emburrada, riscando círculos na areia com a ponta do pé.

– Ande, estou esperando você – diz ele a Amsy, sem se importar se ele acabou ou não seu serviço. – Vem logo!

– Ainda não acabei – responde Amsy.

– Então ande logo! – insiste o amigo com impaciência.

Apesar de considerar Amsy como um irmão, Seydi muitas vezes fala com ele com o tom autoritário que qualquer tuaregue usa para falar com seu escravo. Amsy não leva a mal, sabe que ele age assim apenas pelo costume que aprendeu com os pais, os patrões, e não como sinal de desprezo. Aliás, como poderia ficar aborrecido com aquele amigo que reparte com ele todas as coisas boas que recebe, leite de camela, bolachas, tâmaras? Esses também são alimentos preciosos para os tuaregues. As irmãs de Seydi nunca repartiram essas coisas com Assibit.

A última festa que houve no acampamento, na primavera passada, celebrava o casamento de uma das filhas da tia Mama, irmã do patrão. A festa durou três dias, com muitos carneiros grelhados nas brasas. Uma noite, enquanto as mulheres cantavam e os homens tocavam tambores, Seydi deu a Amsy um pedaço de cordeiro refogado, com um cheiro delicioso. Não era apenas um pedaço do rabo do carneiro, todo ressecado, tradicionalmente deixado para os escravos, mas um verdadeiro pedaço de carne, macio e gostoso! Se tivessem pegado Seydi fazendo isso, ele certamente teria apanhado uma surra. Nenhum tuaregue suportaria ver desperdiçar-se assim, com um escravo, um pedaço de carneiro tão bom!

Amsy, que reparou na cara emburrada de seu amigo, apressa-se a terminar seu trabalho e chega perto dele, meio inquieto.

– Venha – diz Seydi, levantando-se. – Vamos mais para longe.

O que será que ele tem a lhe dizer de tão grave? *Será que teve más notícias sobre Assibit?*

Os dois garotos caminham calados em direção ao poço. Quando já estão para lá da última tenda do acampamento, Seydi senta-se sobre uma laje de pedra. Amsy continua de pé, em frente a ele.

– Senta aqui – propõe Seydi, afastando-se para dar-lhe lugar.

Amsy nem se mexe e pergunta:

– O que é que há?

Como seu amigo continua mudo, meio sem jeito, ele insiste:

– Você encontrou minha irmã?

– Não, Amsy. Perguntei a todo mundo. Ninguém quis dizer onde ela está.

– Mas você acha que eles sabem? Por que escondem isso de você?

– Eu não sei. Senta aqui.

Amsy está arrasado. Todas as suas esperanças evaporaram de uma vez. Ele sente um grande vazio dentro do peito e murmura:

– Eu não entendo... Eu achava que seus pais nos consideravam como parte de sua própria família. Por que venderam Assibit? Por que escondem a verdade?

Enfim, ele se senta na pedra, ao lado de Seydi.

Os dois meninos, o tuaregue e o escravo, ficam assim um tempão, calados, cada um com seus pensamentos, protegidos apenas pelo silêncio do imenso deserto.

No dia seguinte, quando Amsy se levanta, o acampamento ainda está mergulhado numa densa penumbra. Sua mãe, profundamente adormecida, nem se mexe.

O garoto boceja e se espreguiça. Durante toda a noite não parou de pensar em Muhamed e no encontro marcado com ele. Os pensamentos, lembranças e imagens se embaralhavam na sua cabeça.

Meu amigo, disse-lhe o desconhecido, *eu confio em você*.

Dez vezes Amsy teve vontade de acordar a mãe para lhe contar esse estranho encontro. Dez vezes chegou a levantar-se um pouco da esteira e ficou olhando para ela, essa mãe querida, cansada das jornadas tão longas de um trabalho exaustivo a serviço dos patrões.

26

Será que Takané alguma vez já ouviu palavras como essas, *minha amiga*, da boca de um homem livre?

Amsy quase não dormiu; entretanto, sente-se em plena forma. Antes de sair, molha o rosto com um resto de água que ficou numa bacia. Depois sai correndo pela areia em direção ao poço. Aliás, ele não corre: voa, tão rápido que num instante já está no lugar marcado para o encontro.

Como Muhamed ainda não chegou, Amsy senta-se sobre as pernas cruzadas no chão ainda fresco. Logo, logo o sol aparecerá no horizonte. Ao longe, por entre as tendas, alguns vultos começam a se mexer: são escravos já pegando no serviço.

Como na véspera, Muhamed aparece sem avisar. Dessa vez, parece apressado. Cumprimenta Amsy e vai logo dizendo:

– Amsy, você é um *akli*, um escravo, não é?

Amsy assente com um movimento da cabeça.

– Sua família também é *akli*...

Amsy faz que sim, de novo.

– Quantos vocês são, em sua família?

– Meu pai partiu com os rebanhos – responde Amsy. – Minha mãe está aqui comigo. Ela serve à patroa e às suas filhas. Tenho também uma irmã, mas não sabemos onde ela está...

– Por que ela foi embora? – Muhamed quer saber.

– Nosso dono levou-a. Nunca mais a vimos. Talvez esteja casada com um primo do patrão, ou então foi vendida em outro acampamento... Meu amigo Seydi perguntou por toda parte, mas todos se recusam a lhe responder.

– Entendi... – murmura Muhamed com um ar muito sério. Escute bem, meu amigo: há três anos existe uma nova lei neste país pela qual nenhuma pessoa tem direito de ser dona de outra pessoa. Os patrões tuaregues não querem nem ouvir falar disso, mas a escravidão não é mais permitida. Quem continua explorando escravos pode ir para a cadeia.

– Na cadeia, nossos patrões? – exclama Amsy, espantadíssimo.

Seus pais tinham lhe explicado que seus antepassados foram escravos dos antepassados de seus donos atuais, há muito tempo, e que cada um tem de ficar no seu lugar, por toda a eternidade.

– Mas está escrito no Corão, o livro sagrado dos muçulmanos, que nós somos escravos. – diz Amsy.

– Isso é falso! O Corão e a Bíblia falam da existência de escravos, mas em lugar nenhum dizem que você, Amsy, tem de ser um deles. São os patrões que querem que você acredite nisso. A escravidão é proibida, Amsy! Proibida!

– Proibida?!

– É contra a lei!

– Contra qual lei?

– A lei deste país, o Níger.

Amsy não consegue compreender. Para ele só existe a lei do dono, dos patrões, a lei do mundo dos tuaregues. Jamais imaginou que o país pudesse ter outra lei que não fosse a dos nômades. Várias perguntas misturam-se na cabeça do garoto escravo: *será que Seydi já ouviu falar dessa lei do Níger? E meu pai, que passa o tempo todo viajando com as caravanas? Se essa lei existe, talvez ele a conheça!*

Muhamed deixa um tempo para o menino refletir, antes de continuar:

– Escuta, meu pequeno, você tem a vida pela frente. Nada, nada obriga nem você nem a sua família a trabalhar para os outros. Se seu pai é cameleiro, ele deve ser pago pelo seu trabalho...

– Como o ourives? – pergunta Amsy, bastante confuso.

– Isso mesmo, como o ourives! E sua mãe não é obrigada a aguentar pancadas.

– E ela pode beber chá o dia inteiro, como as patroas?

A ideia lhe parece engraçada. Parece tão irreal como o que os contadores de histórias inventam, histórias em que há gênios que se transformam em princesas para pregar peças nos humanos.

Muhamed cai na risada:

– Não, o dia inteiro também não. Ninguém deve ficar sem fazer nada o dia inteiro!

Ele retoma sua expressão séria e fica olhando para Amsy por um momento. Depois avança:

– Amanhã você vai embora comigo. Eu lhe mostrarei a verdadeira vida, a vida dos homens livres! Amanhã, se você estiver decidido, eu o levarei comigo, você irá à escola. Não digo que será fácil, porque você terá que aprender tudo desde o começo, mas você será livre! Você passará uns dias na cidade e, se não gostar, poderá voltar a viver aqui.

Amsy sente uma grande emoção inundar seu peito, uma mistura de medo e alvoroço. Tem uma vontade louca de rir e de chorar ao mesmo tempo. Sente a garganta tão seca que, nesse momento, daria a vida por um gole de água. Está tudo desarrumado na cabeça dele.

Livre? O que significa isso, exatamente?

Que amanhã ele vai ter direito de brincar, como Seydi?

Que ele vai poder tomar chá logo de manhã? E leite de camela também?

Que ele irá à escola como os meninos tuaregues?

Uma ideia maluca passa-lhe pela cabeça: *talvez sua pele fique clara como a do seu amigo Seydi!*

Mas, então, quem é que vai catar a lenha pro fogão?

– E minha mãe? – pergunta – Ela também será livre?

– Você vai ter de falar com ela, explicar-lhe. Se ela quiser, partirá conosco.

– Mas... E nosso dono? Se nos pegar, ele nos mata! – grita Amsy. – Eu já vi, um dia, a surra que o dono deu num escravo que tentou fugir.

Essa cena não sai da lembrança de Amsy. O homem tinha apanhado até sangrar, diante do acampamento inteiro. Logo depois, foi obrigado a voltar ao trabalho, apesar de estar todo machucado. Durante a noite seguinte, todo mundo ouvia os gemidos que vinham da tenda dele. Seu castigo tinha servido de lição para quem tivesse a tentação de imitá-lo.

Muhamed garante:

– Quando eles perceberem que você desapareceu, já estaremos muito longe daqui.

Amsy precisava de um tempo para pensar. Preferia esperar pela volta do pai, ouvir a opinião dele. Muhamed, porém, avisa que deve prosseguir em seu caminho, não pode esperar, tem de continuar a visitar os povoados e acampamentos do Níger para libertar os outros escravos.

De repente, o garoto percebe que não é o único. Essa ideia lhe traz certo reconforto.

– E se minha mãe não quiser? – pergunta, preocupado.

– É você que vai ter de convencê-la. Tenho certeza de que vai conseguir. Eu confio em você, meu amigo.

Ouvindo essas palavras mágicas, Amsy não pode esconder um sorriso. Muhamed passa-lhe a mão na cabeça e exclama, com animação:

– Amanhã eu espero vocês à mesma hora.

– Eu estarei aqui – responde Amsy, muito sério.

Pela primeira vez em sua vida, o menino tem uma decisão a tomar. E que decisão! Sente-se mais angustiado do que se tivesse deixado extraviar-se todo um rebanho de cabras ou derramado um pote inteiro de leite de ovelhas.

De volta ao acampamento, Amsy mal tem tempo de engolir umas bolachas de milheto com um pouco de água antes de correr para tomar conta das cabras. Seydi vai com ele. É tempo de férias, as aulas acabaram e ele prefere a companhia de Amsy à de suas irmãs.

Para os habitantes do deserto, nômades ou escravos, os animais são sagrados. O patrão de Amsy possui mais de cem cabras, e o menino é muito apegado a elas, diz que conhece cada uma. Às vezes ele se diverte impressionando o amigo:

– Esta é Fifi, a piorra, que vem correndo assim que ouve meu assobio – gaba-se Amsy, apontando para uma cabrita preta com uma mancha nas costas.

– Então assobie, quero ver – provoca Seydi.

– Agora não dá, porque isso só funciona de noite. Você tinha que ver: ela dispara na mesma hora!

Seydi não é bobo, mas os dois amigos adoram provocar um ao outro ou inventar e contar histórias inacreditáveis. É a brincadeira favorita dos dois.

Mas hoje Amsy está preocupado demais, não está para brincadeiras. Enquanto ele vigia as cabras, Seydi fica mexendo com o amuleto, chamado de *grigri*, que traz pendurado no pescoço. É um patuá dado por seu pai, que já o tinha recebido do pai dele. Parece um simples estojinho de couro curtido, que se abre como um envelope, amarrado num cordão. Para Seydi, como para todos os tuaregues, esse talismã tem poderes mágicos. Ele gosta de contar a Amsy o caso de um grande chefe nômade cujo grigri transformou-se em duas feras, um leão e um tigre, para defendê-lo contra quarenta guerreiros inimigos.

Uma vez, Seydi tirou seu patuá, amarrou-o em torno do pescoço de Amsy, como sinal de sua eterna amizade, e disse solenemente:

– Agora ele conhece você, e, se um dia alguém quiser fazer-lhe mal, ele te protegerá.

Amsy ficou muito agradecido. *É a maior sorte ter um amigo como Seydi!*

Agora o jovem tuaregue está sentado junto a um bosquezinho. Com uma cara de tédio, raspa um pedaço de madeira com sua faca de cabo de osso.

Amsy observa, pensativo. Em geral, a simples presença do amigo deixa-o feliz, mas hoje não. Parece que há um estranho muro separando-o de Seydi. Está louco de vontade de confiar em Seydi e contar-lhe tudo, mas prometeu a Muhamed que não falaria a ninguém sobre seu encontro. *E sabe-se lá como Seydi reagirá se Amsy anunciar-lhe que a lei o autoriza a ser livre. O garoto tuaregue, pelo fato de ser seu amigo, não deixa de ser um tuaregue.*

Dessa vez, Amsy preferia estar sozinho com o rebanho para poder ao menos tentar pôr suas ideias em ordem.

Quando o sol está a pino, os dois garotos voltam para o acampamento, em silêncio.

A mãe de Seydi hoje está recebendo suas amigas; a mãe de Amsy trabalhou a manhã inteira amassando entre as mãos, pacientemente, bolinhos de sorgo e de milheto.

Sob a grande tenda dos patrões, a refeição está quase pronta. Seydi prometeu à mãe que chegaria na hora certa para o almoço, e Amsy tem de ajudar Takané a servir. É assim: quando os tuaregues fazem festa, os escravos têm de trabalhar ainda mais.

As mulheres nômades, que são as rainhas do lar, são tagarelas e linguarudas. Seu falatório e suas risadas ressoam por todo o acampamento. Estão juntas a mulher, as tias e as irmãs do patrão, e mais as vizinhas. Amsy repara em duas novas visitantes que nunca viu antes. Elas são altas, estão envoltas em véus de cores quentes, têm a pele bronzeada que parece muito macia. Vieram até aqui para se distrair com as conversas e ocupar-se com o principal divertimento das mulheres tuaregues: pintar desenhos de hena nas mãos e nos pés. Ao fim da tarde, estarão cobertas de arabescos de tom castanho, com motivos de flores e folhas.

A tarde inteira Takané tem de correr de um lado a outro para satisfazer todos os desejos de cada convidada.

Primeiro, o chá: é preciso encher três vezes cada copo, segurando a chaleira bem no alto e fazendo o jorro de chá cair dentro do copo sem deixar respingar nem uma gotinha!

Em seguida, a hena, que é preciso preparar com o maior cuidado, misturando bem o pó marrom com água, de modo que a pasta esteja no ponto certo, exatamente quando as madames o desejarem.

Depois, uma nova rodada de chá, dessa vez acompanhada de bolinhos de mel, frutas e tâmaras açucaradas a contento.

Enfim, quando a festa está no auge, Takané tem de preparar o jantar: as bolachas, o cuscuz e a carne, com a esperança de que sobre um bocadinho para ela e seu filho. Os escravos raramente têm direito a uma verdadeira refeição. A maior parte do tempo eles têm de se contentar com os restos, se houver...

Takané esgueira-se como uma sombra por entre os convidados. Ninguém fala com ela nem lhe dá a menor atenção. Ela está tão acostumada a isso que nem se importa. Ao contrário, se incomodaria se alguém reparasse nela, o que significaria que não estava sendo bastante discreta.

Um dia, um estrangeiro tinha vindo tirar fotografias do acampamento e foi convidado a tomar chá sob a grande tenda. Era um rapaz francês de olhos azuis e cabelos louros. As filhas do patrão, que o acharam muito bonito, escondiam-se atrás das cortinas, dando gritinhos e risadinhas.

Quando Takané encheu o copo do fotógrafo, ele a olhou bem nos olhos e agradeceu. A conversa parou de repente e um silêncio pesado encheu a tenda.

Takané ficou tão envergonhada que queria sumir! Desde criança, sempre tinha sido considerada como pouco mais que um móvel qualquer, no máximo como um animal. Tinha aprendido tão bem a ficar invisível que o olhar furioso da patroa nem a atingiu: já estava apavorada com o olhar do turista.

Alguns meses depois, o patrão recebeu uma revista com fotografias do acampamento. Sua mulher logo convidou as amigas a virem tomar um chá e ver a revista, e todas caíram na gargalhada quando descobriram uma fotografia em que aparecia Takané.

– Takané, você virou uma estrela! – gritou a patroa, mostrando a revista à sua escrava.

Via-se muito bem, no fundo da tenda, por trás das madames tuaregues, todas sorrindo para a câmera, uma velha mulher negra, acabada, com um olhar triste e vazio. Era ela, mas Takané custou a acreditar. Bem sabia que estava envelhecida, gasta, mas era a primeira vez que alguém a fotografava, e teve medo daquela imagem que era seu retrato.

– Esses franceses têm um jeito muito engraçado de tratar os servidores domésticos! – comentou a patroa, levantando os olhos das páginas da revista.

Mais uma gargalhada de suas amigas.

– Obrigada, Takané! – gritou alegremente uma delas, imitando o belo fotógrafo francês.

A pobre Takané deixou escapar um pobre sorrisinho, como se pedisse desculpas por tê-las feito repararem na sua existência.

Durante a tarde toda, Amsy ajuda a mãe, em silêncio. Quando ela não precisa dele, encosta-se num cantinho da tenda e espera que ela lhe indique, com um gesto, o que quer que ele faça. O menino fica olhando a mãe, tão atarefada, e, pela primeira vez em sua vida, sente dó. Sente dó da mãe e de todos os escravos obrigados a trabalhar sem descanso enquanto os patrões se divertem.

Amsy agora sente raiva também. Tem vontade de sacudir sua mãe, que se esgueira por entre as convidadas, olhando para o chão, adivinhando o menor dos desejos de cada uma. Tem vontade de sacudi-la, de despertá-la, de lhe gritar que reaja, que... *que o quê, afinal? ... que fuja?*

As palavras de Muhamed ecoam em sua cabeça: *Amanhã eu levo vocês embora daqui.*

É claro: fugir! Libertar-se do jugo de seus donos e de suas leis! Seguir aquele estranho de voz suave, de olhar bondoso, aquele homem que surgiu de lugar nenhum e que falou com ele como se fala com um homem livre!

Meu amigo...

Já é noite escura quando as convidadas decidem ir embora. Terminado seu labor desse dia, Takané pode, enfim, ir deitar-se na esteira para dormir. O dia inteiro ela não abriu a boca; sua garganta deve estar seca como o deserto. Está tão exausta que nem percebe a aproximação do filho, que se ajoelha junto dela. Morta de sono, já meio adormecida, ela ouve-o contar, falando muito depressa, a história de um misterioso visitante negro muito

bem vestido, de uma lei sobre a liberdade dos escravos, da mentira dos patrões, do Corão e da escola, de uma partida em breve para a cidade...

– É preciso decidir esta noite, mamãe! – insiste Amsy, sacudindo o ombro da mãe.

Takané ergue-se lentamente, esfregando os olhos. Depois de um tempo, pergunta:

– Por que esta noite?

– Devemos partir amanhã. Depois será tarde demais. Muhamed tem de libertar outros escravos. Amanhã, antes que amanheça.

Um longo silêncio abate-se sob a tenda. Um silêncio quente, denso e pegajoso. Pouco a pouco, Takané volta a si. Custa a encontrar as palavras.

– Estou cansada – diz ela com voz fraca. Deixe para me falar disso amanhã, Amsy. Amanhã, é melhor...

Amsy não diz mais nada, mas fica olhando fixamente para sua mãe, na penumbra. Finalmente, ela suspira e se ajoelha na esteira, de frente para o filho. Ela pensa um pouco antes de declarar:

– Cada um no seu lugar, Amsy. Sempre foi assim e para sempre será. Foi Deus quem quis. Está escrito.

Amsy já ouviu demais essas frases aprendidas de cor.

– Como é que sabe, se você não sabe ler? – diz ele.

A mãe reflete mais um pouco e depois lhe pergunta, com nervosismo:

– E quem vai nos dar trabalho quando nós formos livres? Quem vai nos dar o teto, a panela, o copo, o prato, o milheto e água fresca? Ele lhe disse isso, esse seu grande amigo?

Amsy sente-se perdido. De fato, Muhamed não lhe explicou como eles haveriam de viver quando fossem livres. Ele mesmo nem tinha pensado nessa questão. No entanto, responde:

– Muhamed é um homem bom, eu sei que é. Não é uma armadilha, Takané. A gente tem de confiar nele.

A mãe sorri de um modo estranho. É a primeira vez que ela ouve seu filho chamá-la pelo seu nome próprio. Lembra-se de que, quando o patrão os casou, seu marido também a chamava pelo nome, e ela gostava muito disso. Dava-lhe a sensação de ser realmente importante para alguém, de ser uma pessoa por inteiro. Coitada! Já faz tanto tempo, isso foi numa outra vida, em que ela era mais jovem, menos cansada. Nem lembra mais se, naquela época, ainda tinha sonhos.

Eu já não sou nova, pensa. *Agora sou uma panela velha e amassada, como essas que a patroa usa cada vez menos e que um dia vai ser jogada fora.*

Takané fica em silêncio, com o olhar perdido longe dali, como se visse o deserto e a noite escura, uma aldeia ou uma cidade, e, nesse lugar imaginário, um rapazinho, o seu.

Nesse lugar imaginário, no meio da noite, ela acaricia os cabelos dele e ouve sua própria voz dizer:

Eu conheço essa lei, Amsy. Eu ouvi falar desses homens que percorrem o país para ajudar os escravos a se libertarem.

Mas sei também que a vida dos libertos é ainda mais dura que a nossa.

Você conhece Mama, a irmã de nossa patroa? Um dia, essa mulher ofereceu a liberdade a dois de seus escravos. Ela lhes deu um saco de milheto e alguns velhos trastes de cozinha, um pedaço de lona e quatro estacas para fazer uma tenda. O que ela queria mesmo era ver-se livre deles, que já estavam velhos demais para trabalhar.

Durante anos, "os velhos", como eram chamados, viveram da caridade de uns e outros, mendigando um pouco de trabalho e de comida. Você acha que isso é liberdade, Amsy? Morrer como um cachorro, sozinho, esquecido por todos e ainda mais pobre do que antes?

Takané imagina-se comunicando ao filho esses pensamentos e lembranças, mas nenhuma palavra sai, de fato, de sua boca. Fica olhando para o garoto, tão jovem, tão robusto! Ela o acha bonito, com seus olhos amendoados, o nariz curto e reto, os dentes tão brancos, a boca ainda de criança. Parece que é a primeira vez que o vê de verdade, e pensa que se há um só escravo que deva ser liberto, há de ser ele. Se não, o que significaria essa aparição de um desconhecido no meio do deserto, a quilômetros de distância do poço? E esse brilho no fundo dos olhos do filho, que ela consegue vislumbrar mesmo no escuro?

Pensa em Assibit e seu coração se aperta. Como seus donos puderam fazer uma coisa dessas? Vender ou dar de presente a filha dela... E ela própria tinha sido besta como uma cabra, acreditando quando os patrões disseram que estavam fazendo tudo para o bem de Assibit!

Takané se lembra também do marido. O que é que ele vai dizer quando chegar e souber que lhe tomaram a filha? Será que vai conseguir segurar a raiva? Ou será que, como de costume, vai arranjar um jeito de desculpar os patrões? Pela tradição? Pela necessidade?

Ela já tomou sua decisão: segura o rosto do filho entre as mãos e diz, num tom firme que Amsy nunca tinha ouvido na voz da mãe:

– Você vai embora! Mas eu tenho de esperar seu pai voltar.

Amsy entra em pânico e grita:

– Então eu não posso partir. Ficarei completamente sozinho!

E quase completou: *sozinho no mundo*.

– É que seu pai vai voltar – responde a mãe. – Imagine se ele não encontrar nenhum de nós aqui quando chegar...

Amsy nunca tinha percebido o quanto amava sua mãe. Perdeu a vontade de ir embora.

Uma vez, seu pai se perdeu no deserto, sozinho com os camelos. Depois de errar pelas areias por vários dias, viu, lá longe, uma vasta extensão de água. Caminhou naquela direção, achando que estava salvo, mas era apenas uma miragem! Onde achou que havia uma lagoa, viu apenas mais uma duna de areia. Backa só sobreviveu porque, por acaso, outros nômades o encontraram, quase morto de sede, e o resgataram.

E se Muhamed também for apenas uma miragem? E se as promessas dele forem apenas mentiras?

– Eu posso ficar esperando Backa com você. Se eu for embora, o patrão vai bater em você!

A mãe responde devagarzinho, destacando palavra por palavra, como se quisesse que ficassem bem gravadas na cabeça do filho:

– Há muito tempo que as minhas costas já não sentem mais nada, não faz mal que o patrão me bata. Você deve tentar sua sorte, Amsy, porque essa chance chegou para você agora e talvez não apareça outra vez. Se der tudo certo, você volta para nos buscar.

Ela olha o filho bem dentro dos olhos:

– Eu conheço você, Amsy, e sei que você não vai nos esquecer. E, além disso, se você for livre, quem sabe poderá encontrar sua irmã?

Amsy lembra-se da raiva que sentiu quando levaram Assibit para longe. Contempla o corpo da mãe, esse corpo envelhecido antes do tempo, ressecado pelo trabalho e pela fome. Olha mais uma vez os aros de metal presos aos tornozelos da mãe e sente seu coração saltar no peito. Ergue de novo a cabeça e vê que Takané lhe sorri sem jeito, como se pedisse desculpas.

Amsy sabe bem demais o que significam esses aros grossos, pesando três quilos, que apertam, ralam, ferem e descoram a pele dos tornozelos de sua mãe. São iguais aos que colocam em todas as moças escravas, durante uma cerimônia, quando elas fazem quinze anos... Para que não possam correr, para que não possam fugir.

Quando Takané abraça o filho como há anos não fazia, ele sente os olhos encherem-se de lágrimas.

Quando Amsy chega ao lugar marcado para o encontro, Muhamed já está lá, esperando por ele, encostado num carro.

– Então você veio mesmo, meu amigo! – exclama, com voz alegre. – Estou feliz!

O carro é um Toyota maior que o carro que leva os meninos tuaregues para a escola da aldeia. Parece-se com um daqueles com rodas enormes que de vez em quando passam a toda velocidade sobre as dunas perto do acampamento.

Muhamed não estranha nem parece preocupado com a ausência de Takané:

– Sua mãe preferiu esperar pelo seu pai, não foi? Não é problema, depois a gente volta para buscá-los.

Ele abre a porta da direita e convida Amsy a subir na frente, mas o menino nem se mexe. Então, Muhamed pega no braço dele para ajudá-lo a subir e se instalar no banco da frente.

O garoto deixa-se levar como uma criança pequena. É a primeira vez na vida que entra num carro!

O jipe vai disparado pela noite escura. Amsy está encantado, embalado pelo sacolejo do carro na estrada, pelas imagens reveladas pelos faróis que passam correndo, fora de foco, e desaparecem de novo na escuridão do deserto. De vez em quando, o menino olha para o lado e percebe o perfil tranquilo de Muhamed, completamente concentrado na tarefa de dirigir o veículo.

O acampamento já está longe. Amsy pensa na mãe, agora sozinha para enfrentar os patrões. De madrugada, foi ela que o acordou:

– Está na hora, Amsy, levante-se que você tem de ir embora.

Takané encorajou o filho apenas com um gesto da cabeça, sem dizer nenhuma palavra, mas Amsy compreendeu muito bem que não era preciso mais que isso. Respondeu da mesma maneira e, em seguida, foi se afastando da tenda sem olhar para trás. Assim que puder, com absoluta certeza, voltará para buscar seus pais.

Agora o sol começa a aparecer lá no horizonte. O novo dia que nasce, para Amsy, é o começo de uma nova vida.

A paisagem mudou. É sempre o deserto, mas agora cruzam uma grande planície, sem dunas, e a areia é mais escura. Amsy descobre o espetáculo colorido das aldeias, com fileiras de casinhas de adobe agarradas umas às outras. Por trás das muretas de pedra, há hortas onde crescem alfaces, tomates, cenouras...

Nas ruas, à beira da estrada, grupos de crianças param de jogar bola para acenar, e mulheres com roupas limpas e lenços coloridos na cabeça estendem cestos cheios de frutas aos viajantes que passam correndo em seus carros. Muitas têm a pele clara, mas a maioria delas tem a pele muito escura, *mas*, pensa Amsy, *que coisa incrível, essas mulheres negras parecem tão felizes!*

Depois de horas de estrada, finalmente Muhamed para num povoado, junto a uma casinha diante da qual estão instaladas mesinhas e cadeiras debaixo de um imenso guarda-sol vermelho e branco, com as beiradas meio esfiapadas e alguma coisa escrita em cima.

– Aposto que você está morto de sede! – exclama Muhamed, desligando o motor.

Sem esperar pela resposta, salta do carro e convida Amsy a vir se sentar à sombra do guarda-sol.

Para o garoto, parece um sonho: o garçom aproxima-se imediatamente e fala com ele como se já fosse seu velho conhecido. Este aqui também o chama de "meu amigo"! *Será que todos os homens livres são amigos?*

O rapaz logo aparece com duas garrafas cheias de um líquido amarelo claro. Amsy nunca bebeu nada a não ser água, uns restinhos de chá ou, muito raramente, leite de camela. *O que será isso?* Imitando seu guia, ele leva a garrafa à boca e não pode reter uma careta de surpresa. *Que gosto esquisito! Parece que a bebida está estragada.*

– É Fanta – explica-lhe Muhamed, rindo –, um suco de frutas borbulhante. Se você preferir, posso pedir água pura...

Amsy faz de conta que não ouviu e continua a beber. *Se isso for bebida de gente livre, é preciso acostumar-se a bebê-la! E, afinal de contas, não é tão ruim assim...*

Eis que outro homem aproxima-se de Muhamed. Tem a pele negra, está bem vestido e calça valiosas sandálias de couro. Conforme o costume, os dois homens trocam saudações intermináveis:

– Como vai você? E a saúde? E a sua família? E os velhos? E as crianças? – tudo despejado em alguns segundos.

Muhamed dá um tapinha no ombro do outro em sinal de acolhida e, em seguida, vira-se para Amsy:

– Amsy, apresento-lhe meu amigo Karim. Ele vai continuar a viagem conosco, até a cidade.

Encorajado pelo sorriso simpático de Karim, o menino pergunta:

– Você é ourives?

Karim cai na risada, mostrando uma bela fileira de dentes muito brancos:

– Por quê? Eu tenho cara de ourives?

Encabulado pela risada do outro, Amsy baixa a cabeça e repara em seus próprios pés descalços ao lado das sandálias dos dois homens. *Estão caçoando dele?* O menino não sabe como reagir, sente-se perdido e com medo. Não teme que lhe batam, é uma sensação mais difusa, até mais angustiante, porque ele agora está num mundo cujas regras desconhece. *Na minha outra vida* – pensa – *ninguém me fazia de bobo. Nem mesmo o patrão!*

Felizmente, Muhamed vem em seu socorro:

– Os únicos homens livres que Amsy conhece são tuaregues ou, então, ourives.

– Entendi – diz Karim, balançando a cabeça. – Não, eu não sou ourives. Como Muhamed, eu também me dedico à libertação dos escravos deste país.

No começo da tarde, Muhamed decide fazer mais uma parada, à beira da estrada, dessa vez para almoçar bolachas salgadas com queijo de ovelha.

Amsy delicia-se em silêncio. Ouvindo a conversa de seus companheiros de viagem, compreende que talvez nunca mais veja Seydi. Com um aperto no coração, lembra: quando os dois eram pequenos, tinham o costume de se encontrar num lugar afastado do acampamento, escondendo-se sob um arbusto de acácia ou por trás de uma duna de areia. Ali se divertiam com brinquedos feitos por eles mesmos ou perseguindo os insetos que fervilhavam por baixo da areia. Os dois sempre tinham mil assuntos para conversar. Juntos, nem viam o tempo passar, e muitas vezes os adultos ralhavam com eles por voltarem tarde demais ao acampamento.

A essa altura, toda a gente do acampamento já deve saber do sumiço dele...

Amsy tenta imaginar as reações. *O patrão com raiva? A mulher dele furiosa? As filhas deles, Mariama e Samia, nem ligando?*

E como será que Takané está vivendo a partida do filho? Deus queira que os patrões tenham pena dela! Amsy angustia-se pensando na mãe. Somente agora toma plena consciência do sacrifício que ela fez em deixá-lo partir.

E Seydi, o que estará pensando de sua fuga? Como gostaria de poder explicar, falar com o amigo!

Amsy murmura, para se desculpar, como se seu irmão de leite estivesse ali pertinho.

– Eu não tinha outra saída.

Volta-lhe à memória uma história que o pai lhe contou; uma dessas belas histórias que ninguém sabe se aconteceram de verdade ou não, porque os escravos têm pelo menos isso em comum com seus patrões tuaregues: todos adoram inventar histórias. Essa é o caso de um escravo chamado Babula... E é como se Amsy ouvisse a voz de Backa começando a contar:

"Naquele tempo, os patrões não viam utilidade em mandar seus próprios filhos estudar e preferiam mandar à escola os meninos escravos. Foi assim que Babula foi mandado para a escola, e estudava tão seriamente que seus patrões, que já não precisavam mais de seus serviços, resolveram dar-lhe a liberdade. Isso acontece de vez em quando, não se sabe bem por quê.

Quando cresceu, Babula conseguiu emprego na prefeitura de uma cidadezinha. Entretanto, por causa de uma grande seca que esgotou todos os poços e dizimou os rebanhos, os antigos donos de Babula ficaram muito pobres. Como eles nunca tinham aprendido a trabalhar, pediram ajuda ao seu antigo escravo.

Babula aceitou ajudá-los e alimentava a família do seu ex-dono junto com a sua própria família. Ele estava até orgulhoso de poder ajudar seus antigos patrões. Dizia pra quem quisesse ouvir:

– Agora eu me tornei um verdadeiro membro da família de meu antigo dono. Eles até já esqueceram que fui seu escravo!

Um dia, porém, a mãe de Babula morreu. Tendo sido liberta pouco depois de seu filho, ela não tinha mais do que uma cabana e umas poucas cabras. O bom Babula ainda estava chorando pela morte da mãe quando os seus antigos patrões vieram reclamar que queriam a cabana e as cabras da velha ex-escrava falecida. E diziam:

– Sua mãe esteve a nosso serviço por muitos anos. O que pertencia a ela, por direito, deve agora pertencer a nós!

Foi assim que o belo sonho de Babula desmoronou. Quando a gente é escravo, é para sempre. A liberdade jamais nos é dada, apenas emprestada."

Essa era a conclusão de Backa, pai de Amsy, quando contava essa história. E, depois, Backa ainda explicava a seu filho:

– Os escravos não possuem nada, absolutamente nada. Nem seus filhos, nem sua própria pessoa. Há um deserto imenso separando, para sempre, a condição de escravo da condição de proprietário!

Amsy termina sua refeição e parece observar um grupo de crianças jogando futebol com uma latinha velha. Na verdade, o pensamento do garoto está muito longe dali para se interessar pelo jogo dos outros. *Um deserto me separa de Seydi para sempre*, diz a si mesmo. Essa ideia o deixa muito triste.

De repente, sobressalta-se. Muhamed acaba de pegar sua mão; não diz nada, mas fica assim por muito tempo, com a mão do menino entre as suas, como se tivesse lido o pensamento de Amsy e desejasse aliviá-lo, compartilhando um pouco de sua mágoa.

Depois de mais de doze horas de viagem, chegam, enfim, ao seu destino: Niamey, a capital do Níger.

O carro percorre largas avenidas margeadas por belas mansões cercadas de uma vegetação exuberante.

– Essas são as embaixadas e as casas dos ricos estrangeiros – explica Muhamed.

Em seguida, dirigem-se a bairros mais populares. Logo o asfalto das avenidas dá lugar ao chão de terra batida, as belas casas ficam para trás, em seu lugar aparecem casas muito mais simples, sem jardim, e as ruas se enchem de gente.

Quanta gente! Quantas cores! Que barulho!

Niamey parece uma imensa feira estendida no chão como um tapete multicor. Aqui, muita carne pendurada em ganchos; ali, montes de frutas e legumes transbordam dos balaios; acolá, pelo chão, estão expostos peças de tecido, bolsas, calçados, roupas, bacias de plástico,

radinhos de pilha e todo tipo de coisas que Amsy nunca tinha visto.

Homens, mulheres, crianças vão e vêm, esbarram uns nos outros, falam-se. *Mas o que significa toda essa agitação? Parece uma grande festa com cantores, dançarinos e contadores de histórias por toda parte!*

O carro para em uma esquina, diante do sinal vermelho. Um policial com seu cassetete supervisiona o trânsito. De repente, um menino surge ao lado do carro e estende a mão para dentro da janela. Amsy nunca viu um mendigo. Espantado, vira-se para Muhamed. Este dá uma moeda ao menino, que desaparece sem dizer uma palavra.

– É um escravo? – pergunta Amsy.

– Não – responde Muhamed. – Com certeza é um órfão muito pobre. Aqui não há escravos, mas há muita gente tão miserável que é obrigada a mendigar para poder comer.

Pouco mais adiante, o carro estaciona diante do pátio de uma casa branca, onde há um pequeno galpão. À porta de entrada está uma mulher jovem e sorridente, com a barriga crescida por baixo de seu vestido florido.

– Amsy – diz Muhamed – apresento-lhe minha irmã, Hadiza.

Ele toca de leve a barriga da jovem e acrescenta:

– E o bebê dela.

Amsy vê claramente que já estava sendo esperado. Ele fica encabulado e tenta se esconder por trás de Muhamed, que não consegue segurar o riso.

– Venha, vou levar você para conhecer a casa – diz Hadiza, gentilmente.

Amsy não se atreve a dar um passo. A mulher, então, pega a mão dele e puxa-o para dentro da casa.

– Você vai dividir o quarto com meu filho, Abdu. Ele só tem quatro anos, mas está louco para conhecer você.

Hadiza aperta o interruptor e a luz acende-se. O quarto é simples, pintado de branco, com duas camas de campanha e um baú de lata, no chão, para guardar as roupas. *Um quarto de verdade, com camas de verdade e com luz elétrica! Ele que não conhecia senão a tenda, em que dorme a família toda junta, as esteiras ensebadas e alguns trapos para cobrir-se de noite!*

Muhamed pergunta:

– Então, está gostando?

Amsy sorri timidamente e levanta os olhos para a lâmpada pendurada no teto: *parece uma grande estrela cintilando no céu!*

– Venha, vou lhe mostrar uma coisa – convida Muhamed.

No cômodo ao lado, há uma pia e um chuveiro. O chuveiro não funciona, mas quando Muhamed abre a torneira da pia, imediatamente a água começa a correr. Há até um pedaço de sabão para lavar as mãos.

Então, Muhamed anuncia:

– Eu vou ter de acompanhar Karim numa viagem a outra cidade. A gente parte esta noite, mas eu volto daqui a três dias. Você já vai para a escola amanhã mesmo.

Hadiza encarregou-se de tudo, vai levar você à escola e apresentá-lo à professora.

Ele passa a mão na cabeça de Amsy e pergunta baixinho:

– Tudo bem? No começo tudo parece estranho demais. É normal. Mas vai ver como você logo se acostuma, meu amigo.

Amsy lava as mãos debaixo da torneira, devagarzinho, um tempão, para fazer durar bastante esse prazer. Depois sai para o pátio, onde Hadiza já pôs uma panela no fogo para fazer o jantar.

– Esta noite a gente vai festejar a sua chegada – diz a mulher. – Vamos comer arroz com carne de cordeiro.

Carne? Amsy fica estonteado. *Só os patrões tinham direito a isso! Para os escravos, só mesmo se restasse uma raspa no fundo da panela...*

Alguns vizinhos foram convidados para participar do jantar. Um homem impressionantemente alto, acompanhado de um mennininho de calças curtas, aproxima-se de Amsy e lhe dá um aperto de mão:

– Seja bem-vindo! Apresento-lhe Abdu, filho meu e de Hadiza.

O garotinho olha para Amsy com ar curioso, antes de lhe perguntar:

– Você é que é meu irmão mais velho?

Amsy não sabe o que responder e olha à sua volta, espantado.

Hadiza corrige:

– Ele é seu primo, Abdu, não é seu irmão!

Um por um, todos cumprimentam o garoto recém-chegado. Sorriem para ele, acariciam sua cabeça, fazem-lhe muitas perguntas. Amsy não está acostumado a que as pessoas se importem com ele. Ainda ontem não passava de um escravo vigiando os rebanhos do patrão no meio do deserto, e, agora, ei-lo transformado em herói da festa. Seus músculos estão contraídos como os de um animal apanhado numa armadilha, procurando desesperadamente uma saída. Não sabe o que dizer, não entende o que os outros esperam dele e tem vontade de sumir.

Quando Hadiza percebe que as brasas do fogão estão enfraquecendo, Amsy aproveita a ocasião, corre para junto dela e se oferece:

– Quer que eu vá buscar lenha?

Ela compreende o mal-estar do garoto e trata de animá-lo:

– Já sei que você é um campeão de coleta de lenha! Você vai achar bastante atrás da casa.

Amsy fica contente, aliviado. Para agradar Hadiza, vai trazer os melhores gravetos! Ele, que passou a vida a servir aos outros, sem dúvida, durante um tempo, precisará sentir-se útil para se sentir digno de existir.

– Muhamed é meu amigo – afirma Amsy, solenemente, enquanto se afasta para ir buscar a lenha.

Os convidados sacodem a cabeça, sorrindo. O olhar de Hadiza, cheio de carinho e compaixão, acompanha o garoto.

Pela primeira vez na vida, Amsy passou a noite numa cama de verdade. Dormiu como uma pedra! Quando acorda, o sol já vai alto no céu e da rua sobem mil ruídos.

– Olhe, isso é para você – diz Hadiza, estendendo-lhe um pacote.

Amsy desembrulha o pacote com cuidado... Então, descobre, dentro de uma caixa de papelão, uma bermuda e uma camisa cáquis e uma pasta escolar de plástico vermelho. Dentro da pasta há vários lápis, uma borracha, uma régua e um caderno.

Se Seydi visse isto! – imagina, maravilhado.

Pega um dos lápis entre os dedos, tentando lembrar-se de como seu amigo segurava os lápis e servia-se deles, mas não consegue. Agora se arrepende de não ter insistido com seu irmão de leite para que lhe ensinasse pelo menos como escrever seu próprio nome. Mas como podia imaginar que, um dia, também iria à escola?

Antes de sair para a escola, não pode evitar o desejo de olhar-se, por todos os lados, no belo espelho de Hadiza. Nada a ver com o caquinho de um espelho quebrado que Takané tinha. Esse aqui permite ver-se de corpo inteiro! Olhar-se inteiro é um espetáculo surpreendente para Amsy. Acha-se até bonito, vestido com o uniforme escolar e com a cabeça bem lavada...

Hadiza, que está esperando na porta, junto com Abdu, chama:

– Vem logo, Amsy, senão vamos chegar atrasados!

A escola fica a apenas dez minutos de caminhada. Esta manhã, Hadiza acompanha os meninos, mas, de amanhã em diante, os dois deverão ir sozinhos. Amsy, que é o mais velho, tomará conta de Abdu.

Pelo caminho, Hadiza vai explicando:

– Há duas classes nessa escola, uma para os maiores e outra para os pequenos. Como você nunca foi à escola, no começo terá de ficar na classe dos pequenos, mas, assim que aprender a ler e escrever, poderá passar para a classe dos maiores.

A escola é um grande prédio quadrado cujos muros estão pintados de vermelho. Atrás, num grande pátio, dezenas de meninas e meninos divertem-se, entre risos e gritos. Todos estão vestidos em uniformes de cor cáqui, como Amsy: os meninos de bermudas e as meninas de saias.

Hadiza dirige-se a um homenzinho atarracado, de mãos cruzadas às costas e o peito estufado.

– Este é o diretor da escola – diz Hadiza a Amsy, e, em seguida: – Senhor Diretor, quero lhe apresentar Amsy, o primo de quem já lhe falei.

O diretor faz um gesto de compreensão e, em seguida, sopra o apito que traz pendurado no pescoço. Imediatamente, a criançada deixa suas brincadeiras e se organiza em duas filas, de um lado os pequenos e os grandes do outro.

– Este menino chama-se Amsy – anuncia o diretor, com uma voz muito forte. – Ele vai começar na classe dos menores.

Parece que ele quer impressionar – pensa Amsy – *O patrão tuaregue também se achava o maior e falava muito alto.*

– Peço que o acolham com gentileza. Amsy vem do deserto e nós todos devemos oferecer-lhe a nossa hospitalidade.

Essa é uma palavra que Amsy conhece bem, a hospitalidade dos nômades é bem conhecida pelos viajantes. *Pena que não se aplique a seus escravos...*

– Vamos, Abdu, leve seu primo para conhecer a sala de aula.

Abdu, encantado com essa responsabilidade, puxa Amsy pela mão e os dois entram na classe.

Os primeiros dias da vida de Amsy entre a escola e a casa de Hadiza transcorrem sem imprevistos.

Concentrar-se nas aulas custa muito esforço a Amsy. *Quanta letra para decorar e aprender a escrever!* Felizmente, os colegas de turma são gentis com ele e ficam até orgulhosos de ter um garoto já grande entre eles. A professora também é discreta e atenciosa. De vez em quando, se debruça na carteira dele e o aconselha em particular:

– Preste atenção, Amsy: na língua tuaregue, o som "s" escreve-se com esta letra. Ainda há pouco você escreveu certinho na palavra "sopa".

Na hora do recreio, a coisa fica um pouco mais difícil. Se pudesse escolher, Amsy preferia ficar na sala de aula. Os alunos maiores, da outra classe, olham-no desconfiados e mal falam com ele. Às vezes, tem a impressão de que estão cochichando pelas suas costas. Há principalmente dois garotos que ficam rodando em volta

dele, com um jeito provocador, zombando abertamente do novato.

No terceiro dia, a ameaça torna-se mais direta. Amsy está sentado, isolado, num canto lá no fundo do pátio, quando os tais meninos se aproximam. Um deles pergunta, com um risinho gozador:

– De onde é que você saiu? Do fundo de uma lata de lixo?

Amsy responde, sem nem piscar:

– De Abalak.

Os dois caem na risada:

– Abalak? Mas lá não tem nada, só bicho!

Outros alunos aproximam-se para ouvir a conversa. O segundo provocador continua:

– Mas, então, se você vem do deserto, você é um *akli*, um escravo!

Amsy não tem medo algum deles, mas não estava preparado para enfrentar essa pergunta. *O que responder?* Se mentir, isso significará que tem vergonha de sua vida passada e da situação de sua família; se disser a verdade, será uma porta aberta para o preconceito e a zombaria...

– Dá para ver muito bem que você é um escravo – zomba o primeiro. – Você nem sabe escrever!

– Os escravos, aqui, a gente trata a chicotadas.

– A gente os faz comer terra e depois...

Amsy sente seus músculos se contraírem. De repente, sem pensar, abaixa a cabeça e avança contra os dois provocadores.

Amsy sempre soube brigar muito bem. Às vezes, ele e Seydi lutavam com os outros meninos do acampamento. Seu amigo, ele mesmo bom de briga, ficava espantado com a rapidez dos golpes certeiros de Amsy, capazes de derrubar dois ou três garotos em segundos!

É exatamente o que acontece no pátio da escola. Os dois provocadores nem têm tempo de reagir: com três socos e duas rasteiras, caem por terra.

O diretor, alertado pelos gritos dos outros alunos que correram para assistir à luta, fica furioso. Distribui uns tabefes nos perdedores e sai, puxando Amsy pelo braço.

– Você vem comigo! – ruge o diretor, andando depressa para a diretoria.

As venezianas estão fechadas por causa do calor. A sala da diretoria está escura e Amsy mal vê uma mesa de madeira, coberta de papéis, diante da qual o diretor o manda se sentar.

– Então, é assim, você anda semeando a discórdia na minha escola? – grita o homem, irado.

Planta-se diante de Amsy, com um ar ameaçador:

– Que bicho picou você? Pensa que ainda está no deserto?

Mas logo o diretor deixa cair os braços, desanimado, e vai se sentar atrás da sua escrivaninha. Então recomeça a falar, mais suavemente:

– Assim você me obriga a castigá-lo. Não tem nada a dizer em sua defesa? É uma pena, porque sua professora disse que está muito contente com você...

Amsy poderia justificar-se, mas essa ideia nem lhe passa pela cabeça. Reage da mesma maneira que fazia quando o patrão ralhava com ele: cerra os dentes, olha fixamente para seus próprios pés e fica calado. Essa atitude do menino enfurecia tanto o tuaregue que este logo puxava o chicote. Quando Seydi assistia a essa cena, conseguia, às vezes, domar seu pai; mas nem sempre ele estava presente.

O diretor contorna a escrivaninha, suspirando. Põe a mão no queixo de Amsy e levanta sua cabeça para olhá-lo bem nos olhos.

– Alguém lhe disse alguma coisa? Ofenderam você? Pode me contar, você sabe...

Como o garoto continua mudo, o diretor põe-se a andar de um lado para o outro, com as mãos cruzadas nas costas:

– Eu vou ter de falar com a sua prima. Não permito brigas dentro da minha escola. O Níger é um país civilizado!

O diretor saiu da sala. Amsy ouve as risadas vindas de fora. Logo a sineta anuncia o fim do recreio. Sentado, sozinho, o menino olha fixamente para a parede à sua frente. Pouco a pouco, sem dar-se conta, descerra os dentes, relaxa os músculos e deixa correr as lágrimas. Em silêncio, chora por todos os medos e angústias acumulados desde que fugiu do acampamento.

Será que valeu a pena deixar tudo? Qual é a vantagem de ser livre?

Amsy fica ali, assim, até que o diretor reaparece, trazendo-lhe sua pasta vermelha e seu caderno de lições de casa. Atrás dele, Abdu aparece, sorrindo.

– Pode voltar para casa com seu primo – diz o diretor. – Amanhã você fica em casa. Pode voltar à escola na segunda-feira, mas preste atenção! Da próxima vez, vai ser posto para fora da escola! Se provocarem ou zombarem de você, venha falar comigo. Não quero pancadaria na minha escola! Entendeu bem?

Ele entrega a Abdu uma folha de papel dobrada em quatro:

– Você vai entregar este bilhete para a sua mãe. Veja lá, não esqueça!

Pelo caminho, os dois meninos não dizem nenhuma palavra. De vez em quando, Abdu lança disfarçadamente um olhar cheio de admiração para Amsy: *Puxa, que lutador!*

Essa noite, Muhamed está de volta, sempre daquele jeito dele, gentil e sorridente. Hadiza recebe-o com o bom humor de sempre:

– Você chegou bem a tempo para o jantar, meu irmão.

A jovem mulher não parece nem um pouco perturbada pelo bilhete que recebeu do diretor. Em todo caso, não demonstrou nenhum aborrecimento e, como faz todo dia, ajudou Amsy com o dever de casa. Durante o jantar, ela não para de falar, enche Muhamed de perguntas sobre sua última viagem e conta detalhadamente os progressos de seu protegido Amsy.

– Você tinha de ver Amsy atravessar o bairro vestido no seu uniforme novinho! Bonito como um rei! Hem, Amsy? Já conhece o alfabeto quase todo, já sabe escrever o nome dele. Imagine só! Em apenas quatro dias de aula!

No fim do jantar, Muhamed ajuda sua irmã a lavar a louça e, em seguida, convida Amsy para dar uma volta pela cidade. Já são oito horas da noite e começa a escurecer. Alguns camelôs recolhem suas bancas, outros acendem lampiões para continuar a trabalhar. O ambiente fica mais tranquilo do que durante o dia. Grupinhos de pessoas juntam-se debaixo dos postes de luz ou às portas das casas; muitos trazem cadeiras para a calçada e ficam conversando, tomando a fresca.

Amsy está tenso. Com certeza Muhamed vai ralhar com ele por causa do que aconteceu na escola hoje. Mas está enganado, pois Muhamed diz simplesmente:

– Quero contar a você a minha história, Amsy... Minha família vivia em Agadés, não muito longe da sua terra. Meus pais eram escravos, não dos tuaregues, mas de uma tribo de outra etnia, os *peúles*. Nem é preciso lhe contar como era a vida deles, você já conhece. Mas quero contar por que foi que escaparam de lá.

Uma noite, houve uma horrível tempestade de areia, como acontece tantas vezes no deserto. Os patrões chamaram meus pais e mandaram que ficassem segurando as estacas da tenda deles, para que pudessem dormir tranquilos. A noite inteira meus pobres pais tiveram de lutar contra a ventania e contra a areia que chicoteava sua pele, entrava-lhes pela boca, pelo nariz, pelas orelhas. Quando amanheceu, minha mãe estava tão exausta que caiu desmaiada. Meu pai também estava quebrado, mas conseguiu levantá-la nos braços para carregá-la até o leito. Você imagina o que foi que a patroa fez, então? Mandou que ele acordasse a mulher, de qualquer jeito, para preparar-lhe o chá. Naquela manhã, meus pais tomaram a decisão de fugir pelo deserto, nem que fosse para morrer no caminho.

Na noite seguinte, quando todas as fogueiras do acampamento se apagaram, os dois partiram na escuridão, andando sempre em frente. Caminharam horas e horas sem descanso. Enfim, pelo meio do dia seguinte, chegaram a um povoado onde um homem lhes ofereceu uma moringa de água. Esse homem havia adivinhado que eram escravos fugitivos. Esse era o pai de Karim, que você já conhece. Trabalhava para uma associação de apoio aos cativos, chamada Timidria.

– E você? Quem foi que libertou você? – perguntou Amsy.

– Eu nasci depois disso, quando meus pais já eram livres. É uma tristeza que ainda hoje muita gente despreze e rejeite os descendentes de escravos. Quando tinha vinte anos, apaixonei-me por uma moça linda, e nós decidimos nos casar. Eu era instruído, formado e já tinha um bom cargo num ministério. Apesar de tudo, a família da minha noiva foi investigar minha origem. Isso é um costume nas cidades, faz-se uma pesquisa para saber bem quem é o noivo...

Para Muhamed, essa lembrança ainda dói muito. Ele conclui, com um leve sorriso amargurado:

– O casamento foi anulado!

– Anulado!? – repete Amsy.

– Anulado! – confirma Muhamed, balançando tristemente a cabeça. – Simplesmente anulado!

– E sua noiva?

– Foi obrigada a se casar com outro sem ser sequer consultada. Minha história é comum, Amsy: se você foi escravo ou é descendente de uma família de escravos, ficam o tempo todo lhe lembrando isso. Até certos empregos são praticamente proibidos para você.

– Aqui, na capital?

– Sobretudo aqui! Para muitos citadinos, um escravo é menos do que ninguém.

– Então, de que adianta lutar se um escravo continua escravo para sempre? – quer saber Amsy, desanimado.

Muhamed abana os braços, num gesto de resignação:

– O mundo está longe de ser perfeito; a vida não é um paraíso. O importante é avançar e permitir que os outros evoluam... Hadiza me disse que você partiu para os tapas contra os meninos que estavam caçoando de você. Compreendo muito bem a sua reação. Também me meti muitas vezes em brigas assim. Mas, olhe, depois da surra que deu neles, pode ter certeza de que vão deixar você em paz!

Muhamed dá uma gargalhada antes de retomar seu jeito sério:

– Seja como for, é preciso aprender a se controlar. É difícil aceitar isso, mas é o único meio de conseguir que as coisas mudem. Você sabe o que é e o que não é justo: essa é a sua força!

O menino sente-se aliviado. Essa conversa prova que Muhamed é seu amigo de verdade. Até agora, Amsy tinha se deixado levar, sem participar plenamente dos rumos que sua vida estava tomando. Agora percebe que sua vida pode lhe pertencer de fato, basta que decida assim. Será difícil, como Muhamed avisou, mas não impossível. E, quem sabe, um dia ele também ajudará outras crianças escravas a se libertarem.

– Por que a sua associação não liberta todos os escravos de uma vez?

– Nós não temos recursos suficientes para isso. Custa caro libertar um escravo. As crianças precisam receber moradia, alimentação, roupas; aos adultos, é preciso oferecer alguma coisa que lhes permita começar uma nova vida: um pedacinho de terra, utensílios de casa, algumas cabras... Nós não podemos libertar as pessoas para depois abandoná-las ao deus-dará...

– Então, por que você me escolheu? – pergunta Amsy.

– Boa questão! Foi meio por acaso. Eu ia passando por lá e vi você. Só de olhar eu já podia adivinhar a sua história. E não podia seguir em frente sem tentar ajudá-lo.

Pela primeira vez na vida, então, Amsy tinha tido boa sorte!

– Agora eu preciso libertar a minha família – reage, imediatamente.

Muhamed para de andar e olha o garoto bem nos olhos:

– Nós iremos logo, eu prometo. Será preciso ir junto com a polícia, e seus pais terão de declarar que realmente desejam deixar seu patrão.

Depois de pensar um pouco, acrescenta:

– Você precisa saber que, às vezes, os adultos se recusam a deixar o acampamento do patrão. Eles têm medo. Estão tão acostumados com a situação de cativeiro, que a própria ideia de viver livres os apavora.

Amsy fica pensativo. As derradeiras palavras de sua mãe estão gravadas em sua memória: *Eu tenho certeza de que você virá me buscar.* Mas... E seu pai? *Como será que ele vai reagir quando souber que seu filho fugiu com um desconhecido? Vai ter coragem de começar uma vida nova? Backa passa a maior parte de seu tempo percorrendo o deserto com as caravanas, ele é um "quase livre". Além disso, tem a maior consideração pela cultura tuaregue, que, para ele, é quase como se fosse sua. É um bom escravo, fiel, o*

patrão até o poupa um pouco. Será que vai querer trocar suas viagens e seus camelos pela cidade e algumas cabras magricelas? Amsy, angustiado, percebe que a resposta para essa questão é muito incerta. *Só se ele ficar perturbado pelo sumiço que deram na sua filha Assibit, a ponto de mudar de opinião. Sim, com certeza, ele vai ficar tão furioso com isso que não vai mais querer permanecer cativo daquele patrão!*

– Temos de preparar tudo muito bem – explica Muhamed –, não se pode deixar nada ao acaso. Quando é que seu pai deve voltar da viagem?

– Ele partiu durante a estação seca – responde Amsy sem hesitar. – Voltará no começo da estação das chuvas.

– Isso nos dá ainda um prazo! Vou tirar uma fotografia sua, para mostrar a seus pais que foi você mesmo quem me enviou. Então, eu lhes explicarei o que devem fazer para conseguir partir de lá. E se o patrão tuaregue me impedir de falar com eles, dou parte ao juiz.

Amsy não conhece essa palavra:

– E o que é um juiz?

– É como um chefe de clã, só que ele representa a lei do país. O patrão terá de obedecê-lo.

– E se ele decidir que meus pais devem continuar cativos?

– Em princípio, ele não tem o direito de fazer isso, porque está encarregado de defender a lei do Níger. Mas é verdade que existem maus juízes...

– Maus juízes? – Amsy inquieta-se.

Muhamed dá uma risadinha sarcástica:

– Os maus não querem que as tradições mudem. Sobretudo se eles mesmos e suas famílias tiram vantagens disso. Mas fique tranquilo: em Abalak há um jovem juiz muito bom. Com um pouco de sorte, o caso de seus pais vai cair nas mãos dele.

Uma segunda semana se passou. O episódio da briga na escola parece esquecido. Os dois meninos que implicavam com Amsy mudaram sua arrogância para uma indiferença discreta. A professora continua a elogiar os progressos do novo aluno. Garotos brigões, ela já viu muitos...

Em casa, Hadiza e seu marido sabem que Amsy tem necessidade de carinho e atenção; mas sabem também que é preciso não pressioná-lo, e tratam de dar-lhe exatamente o que ele precisa. O pequeno Abdu, mais espontâneo, comporta-se como se seu falso primo fosse, de fato, seu irmão mais velho.

Então, por que Amsy tem essa sensação estranha, essa impressão de estar representando um papel num mundo que não é o seu?

Um dia, ele ouve Hadiza dizer ao marido:

– O garoto me preocupa. Parece que ele nunca está bem aqui, é como se estivesse sempre longe...

Amsy presta atenção, para escutar direito. *Será que ela está falando dele? Ou de Abdu?*

– Ele vai muito bem! – assegura o marido. – Você esquece o que a professora diz? Está progredindo muito rapidamente. Logo será capaz de ler e escrever.

Hadiza insiste. Fala da passividade de Amsy, de sua falta de envolvimento, de sua incapacidade de tomar iniciativas. O sentido dessas palavras, passividade, envolvimento, iniciativa, ainda não está claro no espírito do menino. Por ouro lado, ele compreende que Hadiza fala dele como uma mãe fala de uma criança infeliz, de uma criança em dificuldade, e isso o consola um pouco.

Quando termina a lição de casa, Amsy passa um tempão num canto escuro de seu quarto, com as costas apoiadas na parede, esperando que alguém lhe diga o que deve fazer. Ele tem plena consciência de que o tempo das ordens do patrão acabou, que agora tem de se virar por conta própria, mas alguma coisa impede que faça isso. Não consegue aproveitar sua liberdade. Nessas horas, se deixa afundar na tristeza. Tem saudades de sua família, saudades de Seydi... Até dos patrões ele tem saudades. E das cabras, do deserto infinito debaixo de um sol de rachar... Das noites frias e da areia que açoita o rosto... Tem saudades até mesmo da fome que faz roncar o estômago, até do trabalho exaustivo, de todas essas coisas que sabe de cor e que eram sua vida!

Quando imagina sua irmã casada com um velho nômade qualquer fica tão aflito que chega a sentir-se responsável pela desgraça dela. *De que me serve aprender a ler e escrever se Assibit tem de continuar a sofrer, longe das pessoas que ela ama?*

Amsy não tem nenhuma notícia de Muhamed. Fica imaginando como será a fotografia que o amigo tirou dele. *Será que a mãe vai reconhecê-lo, com os cabelos bem lavados e a camisa de estudante, novinha?*

Se sua família não vier se reunir a ele, Amsy não poderá mais viver aqui. Precisa demais deles e se pergunta: *Então, o que vai ser de mim? Voltar para meu antigo dono? Impossível, é tarde demais!*

Pensa de novo na palavra "iniciativa". Mais de uma vez Hadiza repetiu-lhe:

– Amsy, não fique assim sem fazer nada. Você não é mais um escravo. Tome iniciativas!

Pode ser que a chave da questão esteja nisso. Se começar a tomar iniciativas, talvez consiga vencer a tristeza e tornar-se livre como as outras crianças da escola.

Amsy sabe que deve ser forte como Muhamed. O pequeno Abdu, com seu tamanhinho de quatro anos, é mais desembaraçado do que ele. *Mas é tão difícil viver livre quando, no fundo do coração, a gente ainda se sente escravo!*

Quinze dias mais tarde, enquanto Hadiza prepara o almoço e Amsy já revisou sua lição de casa pela milésima vez – ele se irrita, as palavras parecem escapar dele o tempo todo –, alguém bate à porta. Abdu levanta-se num pulo e vai abrir. Muhamed está lá, na penumbra do portal. Amsy corre para ele:

– Então?

– Você tinha razão: seu pai acaba de voltar ao acampamento!

– E você falou com ele? Mostrou meu retrato?

Muhamed faz um gesto para acalmá-lo.

– Dê-me tempo de respirar, Amsy. Eu vim dirigindo o carro o dia inteiro, pelo deserto, e minha boca está tão seca que mal posso falar.

Ele entra na casa e senta-se à mesa da cozinha; Hadiza serve-lhe um grande copo de água. Quando, enfim, matou a sede, Muhamed conta:

– Tentei primeiro falar com sua mãe, mas foi impossível. Ela não saía nunca dos limites do acampamento.

– Então agora não é ela que vai buscar água e lenha no meu lugar? – espanta-se Amsy.

– Não, é uma mulher bem velhinha...

Amsy supõe que é a velha prima que, antes, estava a serviço da tia do patrão.

– ...mas não tive coragem de falar com ela, de medo que me denunciasse. Fui diretamente para as pastagens. Era a hora mais quente do dia, nenhum perigo de encontrar o patrão por lá. Lá, no meio dos camelos, eu vi um escravo.

– Meu pai?

– Mostrei sua fotografia, fazendo de conta que estava procurando por você. Ele ficou tão comovido que eu logo vi que era seu pai, Backa. Ficou com os olhos cheios de lágrimas. Ficou olhando o retrato um tempão, antes de me perguntar o que tinha acontecido com você. Eu então expliquei como é sua nova vida, falei da escola, de Abdu e Hadiza. Disse que você tinha me mandado para buscá-los, ele e sua mãe, e...

Amsy interrompe:

– E ele aceitou?

– A coisa é um pouco mais complicada. Eu bem te avisei que ia ser difícil. Seu pai se recusa a vir embora sem a concordância do patrão. Já sua mãe diz que nunca partirá sem a filha dela. Eles continuam sem saber onde ela está, mas sua mãe está certa de que um dia Assibit voltará e quer estar lá para acolhê-la.

– E bateram nela depois que eu fugi? – quer saber Amsy.

– Infelizmente, acho que sim, mas ela parece estar bem de saúde.

Amsy fica pensativo, mal repara no prato de sopa quentinha que Hadiza pôs na sua frente. Finalmente, pergunta:

– E agora, o que é que a gente pode fazer?

Muhamed continua a contar:

– No dia seguinte, fui falar com o patrão, para tentar convencê-lo. Seu pai já tinha avisado e ele estava esperando minha visita. Nem me deixou sentar: me chamou de canalha e disse que eu queria roubar o que é propriedade dele.

– Ele falou de mim?

– Sim, estava furioso e disse: "Pode ficar com aquele vagabundo. Ele me traiu! Depois de tudo o que fiz por ele! E eu que o tratava como se fosse meu próprio filho!"

– Como seu próprio filho! – exclamou Amsy, mordido. – Como é que ele pode dizer uma coisa dessas? E Seydi, você o viu?

– Seydi ficou sentado no fundo da tenda e não abriu a boca.

Amsy sente-se decepcionado por seu amigo não intervir em seu favor.

– Ele nem pediu notícias minhas?

– Você acha que era hora disso?

Amsy tem de admitir que, se o amigo dissesse alguma coisa, só ia aumentar a raiva do pai.

– E agora? – pergunta o garoto, com um fio de voz que mal se ouve.

– Cada coisa tem seu tempo, Amsy. É preciso ser paciente. Nós vamos continuar a lutar. Karim vai voltar logo àquela região. Ele vai procurar a polícia, vai pagar a gasolina para eles irem de carro com ele até o acampamento.

— Quando?

— Daqui a uns quinze dias, com certeza... Se tudo correr bem.

Quinze dias! É um tempão, quinze dias!

Amsy baixa a cabeça sobre o prato. Esta noite ele não tem mais forças, nem para comer.

Nos dias que se seguem, Amsy se esforça para não se deixar abater. Como Hadiza lhe aconselhou, trata de tomar iniciativas, mas sente-se sem energia porque se preocupa o tempo todo com o destino de sua família... As imagens de sua antiga vida voltam e ficam na sua cabeça. Lembra-se das brincadeiras com Seydi, do calor do corpo de sua mãe, à noite, na esteira sob a tenda. *E como gostaria de ouvir o pai contar sua última viagem!*

À noite, antes de adormecer, o menino conta e reconta, em silêncio, os dias que faltam...

Ao fim de três semanas, enfim, Muhamed chega de volta, acompanhado de Karim.

Os dois homens estão com uma cara muito séria e Amsy adivinha que a visita ao acampamento não deu nada certo. *Mas também, o que é que você queria? Que o patrão aceitasse perder seus escravos sem dizer nada?* – diz a si mesmo.

Hadiza serve água aos visitantes, que se instalam em torno da mesa da cozinha. Karim conta, sem rodeios:

– Cheguei ao acampamento com dois policiais. Uma dezena de tuaregues, com suas roupas solenes, estavam nos esperando! Eles nem nos convidaram para entrar na tenda.

Karim faz uma pausa para beber um gole de água e se vira para Amsy, que ficou de pé, perto da porta:

– Nem consegui ver os seus pais.

Amsy fica prostrado, as lágrimas enchendo seus olhos.

– Pode ser que os tenham mandado para longe, como fizeram com Assibit...

Muhamed opina:

– Acho que não. Devem tê-los escondido. Os tuaregues não têm a intenção de ceder.

– Ele tem razão – disse Karim, antes de continuar seu relato. – O encontro foi, digamos, muito oficial... Uma vez que o patrão se recusou a dizer onde estavam seus pais, os policiais o lembraram de que a escravidão é crime em nosso país, e lhe entregaram uma intimação para comparecer ao Fórum de Abalak. Nós já tínhamos conseguido essa intimação, para o caso de ser necessário. O processo diante do juiz acontecerá no mês que vem.

–Vocês têm certeza de que eles vão comparecer? – Pergunta Hadiza, de repente. – E quem disse que deixarão os pais de Amsy irem ao tribunal?

É Muhamed quem responde:

– Há sempre um risco, mas, em minha opinião, eles comparecerão. Em geral, os nômades preferem evitar problemas com o governo. Eles reagiram por orgulho, ou para ganhar tempo. Mas, no fundo, sabem que não podem nos impedir de agir. Eu acho que, se escondem seus escravos, é porque têm medo deles.

– Têm medo deles?! – perguntam Amsy e Hadiza, ao mesmo tempo.

– Sim, temem que falem, que digam claramente que querem ir embora.

– Se o patrão tivesse certeza de que seus pais queriam ficar, teria todo o interesse em deixá-los se expressar, não acham? – comenta Karim.

Amsy pensa um pouco: *Karim tem razão, é lógico.*

– E minha irmã?

– Ela está viva – assegura-lhe Muhamed. – O juiz obrigará os tuaregues a dizerem onde ela se encontra.

Amsy quer saber:

– E eu posso assistir ao processo?

– E eu também? – pergunta Hadiza.

– Nós iremos todos juntos – afirma Muhamed, sorrindo. – Eu avisarei vocês logo que souber a data certa.

E acrescenta, dirigindo-se a Amsy:

– Será preciso partir no meio da noite.

De repente, outra vozinha se faz ouvir:

– E eu, também vou ao Fórum?

É Abdu, que não perdeu uma palavra da conversa e acrescenta, na maior seriedade:

– Eu faço questão de cumprimentar a família de meu irmão.

Todo mundo cai na risada. Na euforia geral, Amsy agarra Abdu e joga-o sobre seus próprios ombros, fazendo-lhe cócegas.

Pela primeira vez ele age espontaneamente! Pela primeira vez ele não é mais "Amsy, o menino escravo", ele é Amsy, o menino livre que escolhe e decide. E o garoto que está morrendo de rir nos seus braços é seu verdadeiro irmãozinho!

Comparada com Niamey, Abalak, com suas casinhas e ruelas de terra batida, parece mais uma grande aldeia do que uma verdadeira cidade. Bem no centro está o Fórum, uma construção simples, caiada de branco, não maior que a escola de Amsy em Niamey. Só o letreiro, "Fórum", sobre a porta de entrada, diz que aquilo é um edifício oficial.

Amsy está desapontado e até preocupado. Esperava um edifício imponente, com vários andares e um jardim florido, como as embaixadas da capital. Entretanto, a presença de sentinelas uniformizadas, em posição de sentido aos lados da porta, e de um caminhão policial, deixa-o mais tranquilo.

Abdu e Amsy, de mãos dadas, são os primeiros a entrar na sala de audiência. Hadiza, Muhamed e Karim entram atrás deles.

A sentinela que os conduz até a sala informa-os:

– A parte adversária ainda não chegou, mas vocês já podem se instalar.

Muhamed cochicha para as crianças:

– A "parte adversária" quer dizer os patrões tuaregues. Eles são nossos adversários, como num jogo de futebol. Só que aqui não é um jogo!

A sala do tribunal é grande, clara e despojada. As poucas fileiras de bancos, de frente para o juiz, estão quase todas ocupadas.

Ninguém conversa. Muhamed percorre a sala com o olhar e indica aos outros alguns lugares livres na terceira fila.

– E para quê essa gente toda está aqui? – pergunta Amsy, ansioso, sentando-se ao seu lado.

– Eles vieram para outras questões e estão esperando sua vez.

– Questões de escravidão?

– Não necessariamente. Há também divórcios, conflitos entre vizinhos, casos de roubo...

Amsy gostaria de saber se há muitos outros casos de escravidão, mas não quer começar a importunar Muhamed com suas perguntas. Fica pensando que talvez, um dia, venha viver aqui. Quem sabe? Poderia tornar-se ourives e ter uma oficina... É estranho, mas só agora, voltando à região em que nasceu, pensa pela primeira vez em seu próprio futuro.

De repente, a porta se abre ruidosamente. Toda a gente se vira para trás. Amsy vê entrar seu antigo dono com a mulher, acompanhados de vários tuaregues do mesmo acampamento. Quando vê Seydi, vestido de branco da cabeça aos pés, prende a respiração e aperta a mão de Muhamed. Por um segundo, seu olhar cruza com o do amigo de infância e vê a surpresa no rosto do outro: *será que seu irmão de leite reparou no novo Amsy? Um garoto limpo, vestido com seu novo uniforme de estudante e com os pés calçados.* Amsy não sabe se o jovem tuaregue aprecia sua vestimenta, mas sente-se invadido por um imenso orgulho.

Pouco depois da entrada dos acusados, é a vez dos pais de Amsy aparecerem. Há três meses que o menino não vê a mãe, e há cinco, o pai; já tinha quase esquecido os detalhes dos rostos deles. Os dois estão vestidos com suas roupas de festa.

O pai, descalço, usa uma velha camisa do patrão, grande demais para ele, e umas calças desbotadas.

A mãe está vestida de preto e calçada com umas chinelas de plástico; quase pode passar por uma escrava liberta. Mas está tão constrangida que parece um animal acuado. Entretanto, assim que vê Amsy, seu rosto se ilumina: para e sorri para o filho. Amsy gostaria de se jogar em seus braços, de falar da sua alegria em revê-la, mas a emoção é forte demais, parece paralisado. No olhar de Takané, o menino pode ler muita coisa: surpresa, orgulho, esperança e a imensa felicidade de ver seu filho tão bonito.

Os tuaregues sentam-se na primeira fileira, num banco que acaba de ser trazido para a frente. Os pais de Amsy sentam-se timidamente no fundo da sala. Com um gesto, a patroa manda que se aproximem dela. Levantam-se de modo tão precipitado que Backa até derruba a cadeira, provocando risadas na assembleia.

As palavras do patrão ficam ecoando na cabeça de Amsy: "Eu criei esse menino como meu filho!". Hoje, o garoto gostaria de perguntar-lhe se considera seus pais como irmãos.

Um homem jovem, com aspecto de tuaregue, entra na sala, inteiramente vestido de preto e trazendo uma pasta debaixo do braço. O público fica de pé e um murmúrio percorre a sala toda:

– O juiz!

Que sorte! Foi desse que Muhamed falou!

O juiz senta-se atrás da grande mesa e anuncia com voz clara e forte:

– A sessão está aberta, podem se sentar.

Está acompanhado de dois assistentes, um homem e uma mulher, que se sentam um de cada lado dele e começam logo a tomar notas.

Amsy não pode deixar de dar uma olhada para o lado onde está Seydi, que parece tão impressionado com aquilo tudo quanto ele próprio. Como gostaria de poder falar de sua nova vida com seu antigo aliado! Quase esquece que os dois não jogam mais no mesmo time: de agora em diante, são adversários!

13

O juiz põe os óculos e pigarreia. Olha uma por uma as pessoas sentadas nas primeiras fileiras, inclusive os pais de Amsy. Em seguida, declara com autoridade:

– A associação Timidria, aqui representada, trouxe ao nosso conhecimento que os escravos de nome...

Ele consulta o processo que tem em mãos:

– ...Takané e Backa, aqui presentes, manifestam seu desejo de sair de sua condição de escravos para reunir-se com seu filho, hoje já livre. É isso mesmo?

Muhamed levanta-se para responder:

– Sim, exato, senhor juiz.

Amsy observa seus pais, cheio de ansiedade. Se não se atreverem a dizer, em alto e bom som, que desejam deixar seu patrão, pode ser que o tribunal considere que não estão ali de livre e espontânea vontade, mas sim influenciados pela associação Timidria, e não os deixe partir.

O juiz dirige-se aos pais de Amsy, perguntando, com voz gentil:

– Takané, você quer deixar de servir em casa de seu patrão?

Silêncio total na sala... Amsy nem consegue respirar. Depois de uma eternidade, sua mãe balança a cabeça, sem dizer nenhuma palavra.

O juiz insiste, com um sorriso:

– É sim ou não?

Finalmente Amsy ouve a voz de sua mãe:

– Eu quero viver com meu filho.

Dizendo essas palavras, ela olha para Amsy e lhe sorri, orgulhosa de sua própria coragem.

O juiz já ia continuando, quando, de repente, a patroa protesta com veemência:

– Esta mulher nos pertence! Nós cuidamos dela como de uma pessoa da família!

O marido acrescenta com voz queixosa:

– Vocês querem nos arruinar! Vocês odeiam os nômades. Tudo está contra nós: o deserto avança cada vez mais sobre os pastos, não temos mais água, nossos animais estão morrendo, e então os juízes da cidade, que não sabem nada da nossa cultura, querem nos tomar nossos trabalhadores!

O juiz encara longamente o patrão tuaregue, antes de responder em tom pacífico:

– Engano seu. Eu próprio sou neto de nômades. Conheço e respeito seu modo de vida. Admiro e respeito a coragem e a dignidade de vocês. Gosto de suas canções e das fábulas de seus contadores de histórias. Mas os tempos mudam. A escravidão acabou.

Insiste, em tom mais firme:

– Acabou. Contratem trabalhadores, paguem-lhes um salário. Essa é a solução, mas...

O juiz nem pode terminar a frase, porque o patrão, de um salto, avança contra ele. Seydi percebe a tempo que a faca de seu pai já não está mais pendurada na cintura: com um gesto rápido, o menino tira-lhe a faca da mão e a recoloca na bainha. Ninguém mais percebe o que aconteceu. Seydi toma a palavra:

– Desculpe meu pai, senhor juiz. Ele é meio destemperado, mas não lhe faria nenhum mal. É um bravo guerreiro.

Tendo dito essas palavras, o garoto senta-se, logo imitado por Backa.

– Muito bem – declara o juiz, depois de ter trocado olhares de entendimento com seus colegas do tribunal. O incidente está encerrado. Podemos retomar o processo:

"Desde 2003, a escravidão tornou-se crime no Níger. Ninguém mais deve trabalhar forçado, para nenhum patrão. Nós tentamos resolver este caso amigavelmente, mas, segundo o relatório da polícia, os patrões aqui presentes não quiseram nem ouvir. Até proibiram seus escravos de aparecerem diante dos policiais..."

A patroa interrompe:

– Nós dissemos que não se afastassem, mas eles desapareceram.

A mentira é tão evidente que o juiz nem se dá ao trabalho de responder e dirige-se diretamente aos pais de Amsy:

– Vejo com prazer que vocês dois compareceram hoje a este tribunal. Takané, você já nos declarou que quer viver junto de seu filho. E você, Backa?

A aflição do pai de Amsy é visível. Sem dúvida, está tentado a ir embora junto com a mulher e o filho, mas isso lhe parece irrealizável. Questionar as tradições dos tuaregues, para ele, é insuportável, e viver de outra maneira apavora-o. Como Amsy o compreende! Ainda mais que o pai não tem nenhuma notícia da filha Assibit.

Backa começa a falar, com uma voz tão abafada que ninguém consegue ouvir. O patrão olha-o de maneira ameaçadora.

– Fale mais alto! – exige o juiz.

O pai de Amsy pigarreia e repete:

– Eu aceito trabalhar ainda para o meu patrão, mas só se devolver minha filha, que ele vendeu. Não quero que me roubem um filho meu, nunca mais.

Os olhos de Amsy enchem-se de lágrimas; Muhamed segura com força a mão dele.

O juiz insiste:

– Você não respondeu à minha pergunta: quer continuar com seu patrão ou quer reunir-se a seu filho?

– Eu quero ir embora, quero ir embora e que me devolvam minha filha desaparecida!

Outra vez, a patroa não consegue controlar a raiva:

– Vocês estão nos roubando! Vocês querem acabar conosco! Nunca, você nunca vai encontrar Assibit! Você nunca mais vai rever sua filha!

A mulher resfolega e começa a rir feito uma doida:

– Aliás, eu nem lembro onde ela está! Esqueci, está ouvindo?

Toda a gente se cala, espantada.

O marido pega o braço da mulher e aperta o mais que pode. Depois diz ao juiz, com voz gelada:

– Minha mulher está doente. Posso retirar-me para cuidar dela? Vocês nos tomaram nossos escravos. Por hoje, basta.

O juiz assente, com um gesto da cabeça.

O patrão tuaregue retira-se da sala com passos lentos, puxando sua mulher. O filho e os demais tuaregues seguem atrás: nenhum deles faz qualquer gesto para os pais de Amsy, que permanecem imóveis em seus assentos... Seydi, tão rígido quanto o pai, não lança sequer um olhar a seu irmão de leite.

Quando Muhamed, por sua vez, levanta-se para sair, o juiz faz um sinal para que se aproxime da mesa:

– É então a associação Timidria que vai se encarregar do casal? Eles não possuem absolutamente nada...

– Sim, senhor juiz. Timidria cuidará deles – responde Muhamed.

Amsy pega a mãe pela mão, enquanto o pai, meio passado, levanta-se lentamente, quase dolorosamente.

Mais uma vez, é Abdu que, com a sabedoria de seus quatro anos, ajuda todos a relaxarem, correndo para os pais de Amsy e perguntando:

– Então, são vocês os pais do meu irmão?

Para surpresa de Amsy, seu pai desarma-se, como se, de repente, todas as molas esticadas ao máximo em seu corpo se soltassem de uma vez; ele levanta o menininho nos braços:

– Seu irmão?!

Então, sorrindo e abrindo bem os olhos, continua:

– Sim... Amsy é seu irmão, e eu sou o pai dele.

Já passa de meio-dia; o sol chega a cegar, a paisagem é branca e empoeirada. Hadiza e Abdu têm de pegar o ônibus de volta para Niamey; todos se apressam para que não cheguem atrasados.

Abdu parece descontente. Muhamed explica-lhe:

– Amsy precisa ficar com os pais dele, compreende? Karim vai ajudá-los a se instalar.

Hadiza entrega a Amsy uma sacola com suas poucas roupas, seus cadernos e sua pasta de plástico vermelho, dá-lhe um beijo e diz:

– Se eu tiver esquecido alguma coisa, você pega quando vier nos visitar, está bem?

Amsy está emocionado demais, nem consegue responder. Pela segunda vez em poucos meses tem de separar-se de pessoas que ama. Claro, Hadiza e Abdu não são sua família de verdade, mas nem por isso sua tristeza é menos profunda ao vê-los partir. O garoto olha para seus próprios pais, que parecem meio perdidos. De agora em diante, viverão os três juntos, e é ele, seu filho, quem deve ensinar-lhes a liberdade.

Ouve-se o motor do ônibus lotado. O motorista buzina para chamar os que ainda estão proseando sob a marquise da rodoviária; os atrasados vão ter de pegar o ônibus já em movimento.

Hadiza encontrou dois lugares. Abdu, com a cara colada ao vidro da janela, morre de rir: Amsy, correndo ao lado do veículo, lhe faz caretas horríveis.

Logo adiante, Amsy tem de parar. Sozinho, abanando os braços, ele fica olhando o ônibus se afastar. Uma nova vida vai começar, sua terceira vida...

– Vamos? – chama Karim.

Os bairros populares de Abalak ficam na periferia da cidade. Neles, as casas são minúsculas, feitas de pedras empilhadas ou de barro amassado, com tetos de zinco. Aqui e acolá, algumas tendas espalhadas revelam a presença de antigos nômades ou de ex-escravos. Para conseguir água é preciso tirá-la de um poço, como no deserto.

A chegada do pequeno grupo de estranhos desperta a curiosidade dos moradores. A criançada corre em volta deles, gritando:

— Gente nova! Chegou mais gente nova!

Logo começa o empurra-empurra para chegar perto e tocar nos recém-chegados. Karim tenta, mas não consegue afastá-los. Amsy lembra-se do dia em que o fotógrafo veio para retratar a família do patrão: todas as crianças do acampamento também se juntaram em volta dele, querendo vê-lo de perto, pôr a mão nele.

Karim indica aos pais de Amsy um terreno desocupado e explica:

— Este lote é de vocês, foi comprado pela Timidria com a ajuda de amigos estrangeiros.

Backa e Takané escutam sem dizer nada.

— Vocês vão receber uma lona, cordas e estacas para armar sua tenda. Nós lhes daremos um saco de milheto, sorgo, temperos, alguns pratos, uma caçarola e um pilão para moer o milheto... Amanhã iremos ao mercado com Muhamed e Amsy. Compraremos para vocês quatro cabras e três carneiros. Com o tempo, vocês terão um verdadeiro rebanho!

Karim dirige-se a Takané:

– Enquanto você cuida dos seus bichos, seu marido vai trabalhar com um criador de camelos.

Backa fica ligeiramente tenso.

– Você vai ser pago por seu trabalho – diz Muhamed, para tranquilizá-lo. Você poderá manter sua família. Vai continuar a tratar de camelos, mas como um homem livre!

Os pais de Amsy relaxam um pouco: não, não estão sonhando! Sorriem um para o outro e, de repente, lançam-se por terra num gesto de agradecimento a Muhamed e Karim. Takané e Backa ainda levarão anos até se livrarem desses gestos de submissão a que estão acostumados pela vida na escravidão.

Muhamed logo trata de ajudá-los a se levantar e diz:

– Vocês não nos devem nada. Eu estou fazendo por vocês simplesmente o que outros já fizeram pela minha própria família.

E Karim acrescenta:

– Agora vocês são responsáveis por vocês mesmos e pelos seus bens. De agora em diante, ninguém mais vai explorar vocês. A associação lhes oferece esses animais e utensílios para ajudá-los a começar uma nova vida. Daí para a frente, vão ter de se virar por sua própria conta.

Quanto a isso, Amsy nem se preocupa: seus pais não são nada preguiçosos, muito menos bobos. Bem ao contrário! E estarão felicíssimos de ter seus próprios animais e suas próprias coisas.

– Vamos, gente! – exclama Muhamed. – Já é hora de montar a tenda e preparar o fogo para a janta desta noite!

Recolhendo lenha numa mata de espinheiros, um pouco fora do bairro, Amsy lembra seu primeiro encontro com Muhamed. *Parece que foi ontem*! E, no entanto, que longo caminho ele já percorreu, desde aquele dia!

Amsy escolhe os gravetos com cuidado; *esta noite tudo tem de estar perfeito*. Pela primeira vez na vida, sua família vai comer reunida em volta de um fogo. *Em volta de nossa própria fogueira*! Não haverá nem contador de casos nem cantor, como costuma haver nas tendas dos patrões tuaregues, *mas quem sabe? Talvez Backa resolva contar uma história*! Há uma de suas histórias, terrível, que Amsy não se cansa de ouvir: é o caso de uma moça muito bonita, dada em casamento a um estrangeiro que, na verdade, era um gênio mau e sanguinário, e a moça acaba assada e devorada na noite de núpcias! A primeira vez que Amsy ouviu essa história, aproximou-se mais da fogueira, em silêncio, ficando encolhido na penumbra, logo atrás dos convidados. Ainda bem que os patrões não tinham precisado de seus serviços naquele dia!

Sim, esta noite, na sua primeira refeição em liberdade, Backa contará uma história; porque tem de ser uma refeição alegre, apesar da falta de Assibit, e só as histórias nos ajudam a superar certas dores.

Quatro meses se passaram desde o processo no tribunal.

A vida de Amsy e seus pais vai se organizando. Agora, ao lado da tenda, há um cômodo de cimento com um teto de zinco, onde eles poderão dormir nas noites muito frias.

Backa trabalha como pastor, e seu empregador dá valor a ele. Takané cuida de suas cabras e carneiros, da casa e da cozinha, enquanto Amsy frequenta a escola do bairro. Seus progressos são espetaculares: o professor até já está pensando em matriculá-lo na escola mais adiantada de Abalak.

Amsy traz regularmente livros da biblioteca e, toda noite, lê em voz alta para os pais.

– Isso tudo está escrito no livro? – espanta-se a mãe, desconfiada. – Você não está inventando, não?

As narrativas preferidas de Takané e Backa são as que contam a vida dos nômades que perambulam pelo deserto. São histórias de gênios transformados em animais, de oásis no deserto, de guerreiros tuaregues galopando entre as dunas. Amsy também fica fascinado por esses valentes homens azuis e seus camelos magnificamente arreados, cujas aventuras fazem pensar em Seydi.

Por onde andará o irmão de leite? Será que arranjou um novo amigo para ocupar seu lugar? Amsy gostaria tanto de revê-lo, de conversar com ele...

Na horta de Takané, os primeiros tomates já amadurecem. São lindos e têm a polpa bem firme. Takané está pensando em vender uma parte da colheita. Karim, que vem sempre visitá-los, aconselha-a a ir vendê-los na feira de um bairro rico, ao norte da cidade, onde as pessoas apreciam hortaliças bonitas.

– É preciso ir de manhãzinha, bem cedo – avisa Karim. – Assim você encontra um bom lugar para pôr sua mercadoria, e Amsy pode acompanhá-la.

É uma boa ideia! Takané fica aliviada, porque ainda não é muito boa para contar dinheiro. Reconhece as moedas que utiliza para pequenas compras, mas ainda não aprendeu o valor das notas de papel. A ajuda do filho será preciosa para ela.

Amsy escuta Karim com admiração. Quando crescer, ele também gostará de trabalhar para a associação Timidria.

No dia da feira, Takané e Amsy, pela primeira vez, tomam um ônibus para ir ao norte da cidade, bem cedinho, aos primeiros raios do sol.

Já há gente instalando-se no local da feira, mas os dois ainda conseguem um bom lugarzinho para expor sua mercadoria, junto de um muro alto, não longe das mais belas mansões de Abalak.

Takané senta-se no chão com as pernas cruzadas e estende um grande pano sobre o qual arruma bem seus tomates. Por toda parte, outras mulheres também se preparam para vender sua produção...

Ali perto, dois homens discutem o preço de uma cabra amarrada a um poste. Amsy aproxima-se e escuta. A discussão é animada e os preços anunciados parecem-lhe bem altos. Logo, logo seus pais também poderão vender uma cabra. Essa ideia deixa o garoto todo orgulhoso.

Uma compradora aproxima-se de Takané e pergunta o preço dos tomates. A vendedora, temerosa, responde tão baixinho que a cliente não consegue ouvir, e Amsy precisa repetir a informação. A mulher acha que está caro, mas assim mesmo compra três tomates e vai-se com eles no seu balaio de compras.

O dia começa bem! – alegra-se Amsy, contando os tostões dessa primeira venda. Com esse dinheiro, já poderia oferecer um presente a Muhamed: uma caixinha para guardar fumo, ou um turbante amarelo, da cor do sol! Está prestes a dizer isso à mãe, mas alguma coisa chamou a atenção dela. Acompanhando o seu olhar, o garoto também repara numa mulher no meio da multidão: é Mama, a irmã de sua antiga patroa, que está pechinchando algumas tâmaras, com aquela voz esganiçada.

Aquela ali não mudou nada! Uma verdadeira cobra!, pensa Amsy, lembrando-se dos velhos escravos que a mulher tinha jogado na rua.

Bruscamente, ele se imobiliza: Mama acaba de entregar seu balaio a uma mocinha que vem atrás dela; *a garota, toda vestida de preto, é...*

Será que eu estou tendo visões? Na mesma hora, sua mãe grita, com voz rouca:

– ASSIBIT!!!

A jovem escrava é mesmo sua irmã! Sem sombra de dúvida!

Em seguida, tudo acontece quase ao mesmo tempo: ouvindo seu nome, Assibit levanta a cabeça, vê a mãe e o irmão, e seu rosto se ilumina. Espantada, sem poder acreditar no que vê, ela fica ali, parada e muda.

Takané pula e corre, amassando seus tomates. Com os braços estendidos, avança como uma sonâmbula, repetindo o nome da filha.

Agora Mama também viu Takané e Amsy e agarra Assibit pela manga, gritando:

– Esta mulher e o filho dela são escravos! Eu conheço! São uns ingratos que fugiram dos seus patrões!

Ela aponta um dedo para Takané:

– Não chegue perto de mim, sua bruxa!

Com a mão livre, ela agarra o balaio de compras e sai arrastando sua escrava pelo braço.

Amsy tem de correr, não há tempo a perder. Sua irmã debate-se freneticamente tentando se soltar, mas a dona grita tanto que um grupo de curiosos se ajunta em torno delas, sem saber o que pensar.

Será que roubaram a carteira da coitada da mulher?

Amsy não é mais o menino escravo que Mama conhecia; agora ele é capaz de gritar mais alto do que ela:

– É minha irmã! Esta mulher não tem o direito de prendê-la!

Mama está tão estupefata que fica muda. O povo em volta cochicha, espera pra ver o que vai acontecer... Amsy recupera o fôlego e dispara a falar:

– A lei de nosso país proíbe a escravidão. Minha irmã, Assibit, não sabe disso, porque jamais ninguém lhe disse.

Mas eu sei, e vocês todos também sabem. Nenhum ser humano pode ser propriedade se outro. Se esta mulher se recusa a soltar minha irmã, vai ser convocada ao tribunal e o juiz lhe explicará que Assibit é livre, como eu, seu irmão, sou livre e nossa mãe, ela também, é livre!

Amsy aproxima-se da irmã e repete:

– Você é livre, Assibit. Livre! Vem com a gente!

A pobre menina, porém, não consegue se soltar. Mama não larga sua presa. Takané, banhada em lágrimas, contempla a cena sem se atrever a chegar perto da filha...

Amsy não sabe o que fazer para ganhar a simpatia e o apoio da multidão. Se as pessoas ficarem do lado de Mama, a malvada terá o caminho livre para sumir com sua escrava. Serão precisos meses para encontrar Assibit de novo.

As pessoas em volta entreolham-se, na dúvida. Um dos dois homens que ainda há pouco estavam negociando o preço da cabra intervém:

– O menino tem razão: acabou-se a escravidão! Solte já esta garota, senão eu vou procurar um policial.

Então aparece um velho tuaregue com um turbante branco. Basta-lhe estar presente para impor respeito.

– Esta menina é bem tratada – afirma o velho. – Vê-se bem que ela está suficientemente alimentada. Qual é o problema?

Todos os olhos voltam-se para e ele, que continua:

– Vocês não prestam nenhum serviço a esta garota virando a cabeça dela. Querem que ela morra de fome junto com sua mãe, que não tem senão alguns tomates

para sobreviver? Talvez a escravidão deva terminar, mas não de um dia para o outro. Não podemos permitir que se destruam nossas tradições para agradar a uns poucos agitadores!

Vê-se que o tuaregue ganhou alguns pontos entre os ouvintes. Amsy sente que as pessoas estão indecisas. Abraça os ombros da irmã, num gesto de proteção, e grita bem alto:

– Minha irmã é livre! Vocês temem que ela tenha menos o que comer? Não tenham tanta certeza disso. O importante é que ela mesma decida sobre sua vida. Minha irmã é como todos vocês, ela tem direito à liberdade!

Encorajada por essas palavras, Assibit finalmente encontra forças para falar:

– Eu detesto esta mulher! Eu quero viver com a minha família!

Uma algazarra se espalha pela rua toda:

– O garoto tem razão! É um escândalo essa escravidão!

– Deixem a menina voltar para a mãe dela!

– A escravidão é uma vergonha!

Agora sim, a disputa está ganha! Mama larga Assibit e some no meio do tumulto, guinchando:

– Eu volto com a polícia! Vocês vão ver só!

Ela pode gemer o quanto quiser, a velha Mama! O velho tuaregue saiu de fininho, ela ficou sozinha, e mais ninguém lhe dá atenção. Assibit já está nos braços da mãe. Amsy acaricia sua cabeça, e a multidão, alegre como numa festa de casamento, aplaude com palmas.

De repente, Takané levanta a cabeça, inquieta:

– Meus tomates... Onde estão meus tomates?

Sobre seu pano estendido na calçada, já não resta mais nenhum.

– Roubaram meus tomates – diz ela, mais decepcionada do que zangada.

Logo, porém, volta a olhar a filha nos olhos e põe-se a rir:

– Já imaginou, Assibit? Nossos primeiros tomates!

– Deve ter sido aquele urubu, a Mama – exclama Amsy. – Vamos chamar a polícia!

Todo mundo cai na risada. Que prazer, para Takané e Amsy, rever as duas queridas covinhas aparecendo nas bochechas de Assibit! Deve fazer tanto tempo que ela não ri!

Amsy alegra-se por dentro:

Agora, sim, nossa verdadeira nova vida pode começar!

Epílogo

Seis meses se passaram desde a volta de Assibit. Cada dia, porém, ainda traz uma nova dose de descobertas e progressos para a família. As notas de Amsy na escola continuam excelentes. Assibit, apesar das dificuldades que teve no início dos estudos, já começa a ler e escrever. O pai, Backa, foi contratado por um novo empregador, que lhe paga melhor que o primeiro. Takané continua vendendo na feira os produtos de sua horta. Uma das cabras deu cria de dois cabritinhos, que Amsy batizou de Fanta e Coca.

Uma manhã, o carteiro para diante da casa deles. É a primeira vez que isso acontece, e a família toda fica inquieta: *será uma boa notícia? Ou não?*

– Encomenda para uma pessoa chamada Amsy. – anuncia o carteiro. – Mas só posso entregar a ele mesmo.

Amsy assina o nome numa ficha e recebe o pacote. *O que há de ser isto? Um presente de meus amigos de Niamey? Mas nem é o mês de meu aniversário...*

Abrindo o embrulho, o menino logo descobre uma faca e um pequeno objeto de couro que reconhece imediatamente: a faca de Seydi e o amuleto, o *grigri*, que ele sempre trazia ao pescoço! Numa folha arrancada de um caderno escolar, seu amigo escrevera:

"Querido irmão,

Eu sei que você vai bem e sua família também.

Peço-lhe perdão por não ter dito nada no tribunal, mas eu estava obrigado a seguir meu pai.

Você não pode imaginar minha alegria ao saber que nossa amada Assibit voltou para junto de vocês.

Minha vida é bela, mas meu irmão me faz muita falta. Não se passa um dia sem que eu pense em você.

Encontrei Muhamed, e ele me disse que você é um aluno excelente.

Mais tarde, quem sabe, nós dois faremos grandes coisas juntos! Abrir uma oficina mecânica, por exemplo, ou um café e restaurante, ou partir com os rebanhos para países longínquos!

Eu lhe mando esses presentes para que se lembre de que minha amizade é forte, tanto agora quanto antes.

Espero que responda depressa ao seu irmão que gostaria tanto de rever você.

Seydi."

Timidria

é uma associação de nigerinos que luta para abolir verdadeiramente a escravidão no Níger. Muitos de seus militantes são ex-escravos.

Réagir dans le Monde

"Reagir no Mundo" é uma associação francesa, presidida por Dominique Torrès, que se esforça para recolher doações que permitam a homens, mulheres e crianças recém-libertos viver os primeiros meses, porque, como no caso da família de Amsy, sem essa ajuda nenhuma liberdade é possível.

Uma parte dos direitos autorais deste livro é entregue diretamente à associação.

http://www.reagirdanslemonde.com

A autora

Dominique Torrès é uma das principais repórteres do canal France 2, da televisão francesa, há mais de 30 anos. Viajou pelo mundo inteiro e durante nove anos participou do programa Résistance (Resistência), sobre Direitos Humanos.

É autora do livro *Esclaves* (Escravos), publicado pela editora Phébus em 1993, e produziu quatro filmes para a televisão sobre a escravidão no mundo de hoje.

Em 1993, Dominique fundou o Comité contre l'Esclavage Moderne (Comitê contra a Escravidão Moderna), que luta contra a escravidão existente na França no final do século XX. Sim, isso ainda existe! Doze anos mais tarde, em 2006, fundou a organização Réagir dans le Monde (Reagir no Mundo), para lutar contra o mesmo problema em outros países, como no Níger, por exemplo.

Você é livre! é o primeiro romance sobre esse assunto que escreveu para jovens. A autora acredita que é preciso despertar os jovens para essa questão, para que eles agarrem a tocha e levem adiante essa mensagem e essa luta.

A ilustradora

Christiane Costa nasceu em 1983, em Belo Horizonte, onde vive e trabalha. É designer gráfico, formada pela UEMG, e artista gráfica, formada pela UFMG. Trabalha na área editorial como designer há alguns anos, e este é o primeiro livro que ilustra.

A propósito desta experiência, ela conta:

"Cada trabalho pede uma técnica diferente, um ponto de partida para crescer e ganhar identidade. Este começou com recortes, colagens e interferência digital em fotografias. Com referência em cartazes, fotos de manifestações de protesto e de elementos que remetem à cultura africana e à vida no deserto, as imagens representam um pouco do que enxerguei no crescimento de Amsy e sua família, nas turbulências que viveram, nas coisas novas que foram passando a fazer parte de seu universo e de sua mudança de postura.

O resultado ficou diferente do que eu imaginava no começo, o que, para mim, foi a melhor parte do processo!"